基础化学实验

主编　慕　慧　关　放

编者（按姓氏笔画排序）

王丽娟　王浩江　刘宏浪　刘养浩

关　放　许　昭　杨　云　李宝平

李骁勇　李健军　李银环　苗延青

郑阿群　袁　丁　扈本荃　慕　慧

科学出版社

北　京

内 容 简 介

本书是根据医药学各专业教学大纲中基础化学实验课程要求编写而成的。全书包括了化学实验室的基本知识、化学实验的基本操作、化学分析和仪器分析的基本操作以及综合设计实验等内容。全书共五章,选编了46个实验,每个实验后均附有实验指导和思考题。本书有附录,列出了基础化学实验常用数据和试剂配制方法等。

本书可作为高等院校医学、药学专业本科生的基础化学实验课程教材,也可作为从事相关专业科研人员的参考用书。

图书在版编目(CIP)数据

基础化学实验/慕慧,关放主编.—北京:科学出版社,2013.2

ISBN 978-7-03-036687-0

Ⅰ.基… Ⅱ.①慕… ②关… Ⅲ.化学实验-高等学校-教材 Ⅳ.06-3

中国版本图书馆CIP数据核字(2013)第026816号

责任编辑:周万灏 / 责任校对:郭瑞芝
责任印制:赵 博 / 封面设计:范璧合

科学出版社 出版
北京东黄城根北街16号
邮政编码:100717
http://www.sciencep.com
北京科印技术咨询服务有限公司数码印刷分部印刷
科学出版社发行 各地新华书店经销
*
2002年2月第 一 版 开本:787×1092 1/16
2025年8月第十一次印刷 印张:8 1/2
字数:195 000
定价:35.00元
(如有印装质量问题,我社负责调换)

前　言

化学是一门基础科学，在人类的生活、生产和对未知世界的探索活动中都发挥着极其重要的作用。同时，化学又是一门实验科学，化学实验在化学研究中占有举足轻重的地位。化学实验是人们了解物质构成、揭示化学变化规律、认识物质性质及研究新物质合成的必须手段，而化学实验教学则不仅是让学生直观地感知化学知识，而且是使学生认知到客观事物都具有客观规律，从而培养学生尊重科学、遵守规则的科学精神。

基础化学实验精选了无机化学、物理化学和分析化学的一些实验内容，其教学对象是医学院校临床医学、预防医学、护理学、制药等专业的一年级学生，它是基础化学这门必修课程中设置的实验课，包括以下几部分内容：化学实验室的基本知识、化学实验的基本操作、化学分析和仪器分析的基本操作以及综合设计实验等，共 46 个实验。

本实验教材在重视化学实验基本操作和技能的基础上，加强了与生命科学研究相关的实验内容，体现了医学类化学实验的特色。鉴于医学专业特点，离生命科学越近，学生的学习兴趣就越浓。同抽象的化学原理和概念相比，具有直接生物学意义的更具体的化学知识更易吸引学生的眼球。因此，加入和生命科学相关的交叉学科内容是提高学生实验积极性和动手能力的有效手段，使学生更深刻地理解化学和医学的关系，以及医学在该领域分子生物学水平上的进展。我们增添了一些能够反映化学科学技术发展的新实验，以体现化学科学的发展进步对医学的促进作用。此外，我们设置了一些综合设计实验，使学生自主设计实验的空间更大，动手的积极性更高，进一步激发了学生在学习实践中的创造性。人体是高度进化和系统性极强的生命体，今天的医学生要培养成具有创新精神、知识面广和科学实验能力强的从事生命科学研究的新型医学人才，因而综合设计实验的强化必然为更多的学生选择开放性实验奠定坚实的基础。

本实验教材在实验基本知识中增添了实验记录及实验报告的书写内容，提供了定量及定性分析实验报告表格的参考模板，这有助于学生掌握做好实验并书写一份规范的实验报告的要领，奠定科学研究的基本技能，同时也有利于教师批改学生的实验报告。在每个实验后附有实验指导和思考题，以提示学生该实验的重要注意事项和操作要领，并激发学生探究科学问题的热情。

《基础化学实验》由西安交通大学慕慧、关放主编，西安交通大学（按内容顺序）刘养浩、王丽娟、李健军、许昭、杨云、关放、慕慧、郑阿群、李银环、李骁勇、李宝平、刘宏浪，三峡大学袁丁，西安医学院苗延青、扈本荃，山西医科大学王浩江共同编写。

本实验教材编写过程中，得到了西安交通大学理学院唐玉海教授的全力支持，在此表示衷心地感谢。限于编者学识水平和经验，书中难免存在不妥之处，恳请有关专家和读者批评指正。

编　者

2012 年 7 月 5 日

目　录

第一章　基本知识与基本操作

一、实验室规则

实验室规则是从长期实验室工作的经验和教训中总结出来的。它可以保持正常的实验环境和工作秩序，防止意外发生。遵守实验室规则是做好实验的前提，大家必须遵守实验室规则。

1. 实验前必须认真预习，明确实验目的和要求，了解实验原理、操作步骤、方法及安全注意事项。

2. 进入实验室必须穿工作服，实验开始前要清点仪器，如有短缺或破损应立即报告老师。公用仪器和药品用完后立即放回原处。

3. 在实验过程中应遵守纪律，保持安静，不大声喧哗，严禁吸烟、喝水、吃东西，不来回走动，做到认真操作、仔细观察、积极思考，并及时记录实验现象和实验数据。

4. 使用精密仪器时，必须严格按照操作规程进行操作。如发现仪器有故障，应立即停止使用并报告指导老师。

5. 实验中使用自己的仪器，不得随意动用他人的仪器。如有损坏，必须及时登记按制度赔偿补领。公用仪器使用完毕后应洗净，放回原处。

6. 废纸、火柴梗、滤纸屑和碎玻璃等应倒入垃圾箱内，酸液、废液必须倒入废液缸内，切勿倒入水槽，以防堵塞或锈蚀下水道。

7. 按规定用量取用药品、试剂，小心操作，不要将药品洒落在实验台上。药品自瓶中取出后，不能再放回原瓶。

8. 完成实验后，应将自己所用仪器洗净并整齐摆放在实验台上，并将实验台和试剂架擦净，实验数据记录由教师审阅签字后，方能离开实验室。

9. 实验结束后，值日生负责打扫和整理实验室，关闭水、电和窗户。

二、实验室安全守则

化学实验用到的药品中，有的是易燃、易爆品，有的具有腐蚀性和毒性。因此，实验中要特别注意安全。在实验前应了解仪器的性能、药品的性质以及实验中应注意的安全事项。在实验过程中，应集中精力，严格遵守实验室安全守则，防止意外事故的发生。

1. 一切涉及有毒的、有刺激性或有恶臭气味的物质（如硫化氢、氟化氢、氯气、一氧化碳、二氧化硫、二氧化氮等）的实验，必须在通风橱中进行。

2. 一切易挥发和易燃物质的实验，必须在远离火源的地方进行，以免发生爆炸事故。

3. 加热试管时，不得将管口对着自己和别人，以免溅出的液体烫伤人。不允许用手直接取用固体药品，嗅闻气体时，鼻子不能直接对着瓶口或试管口，而应用手轻轻将少量气体扇向自己的鼻孔。

4. 不得将化学药品随意混合，以免发生意外事故。

5. 稀释浓硫酸时，应将浓硫酸慢慢倒入水中，并不断搅拌。以免产生局部过热使硫酸溅出，引起灼伤。

6. 不要用湿手、湿物接触电源，以免发生触电事故。

7. 水、电使用完毕，应立即关闭。

三、实验室意外事故的处理

1. 创伤　伤口处不能用手抚摸，也不能用水洗涤。若是玻璃创伤，应先把碎玻璃从伤口处挑出。轻伤可涂以紫药水(或红汞、碘酒)，必要时用创可贴，或敷些消炎膏，再用绷带包扎。

2. 烫伤　不要用冷水洗涤伤口处。伤口处皮肤未破时，可涂擦饱和碳酸氢钠溶液或用碳酸氢钠粉调成糊状敷于伤处，也可抹獾油或烫伤膏，如果伤处皮肤已破，可涂些紫药水或高锰酸钾溶液。

3. 酸腐蚀致伤　先用大量水清洗，再用饱和碳酸氢钠溶液(或稀氨水、肥皂水)洗，最后再用水冲洗。如果酸液溅入眼睛内，用大量水冲洗后送校医院处理。

4. 碱腐蚀致伤　先用大量水冲洗。再用 $w=0.02$ 醋酸溶液或饱和硼酸溶液洗，最后用水冲洗。如果是碱液溅入眼睛中，用硼酸溶液冲洗，再用大量水冲洗。

5. 溴腐蚀致伤　用苯或甘油清洗伤口，再用水洗。

6. 磷灼伤　用 $w=0.01$ 硝酸银，$w=0.05$ 硫酸铜或浓高锰酸钾溶液消洗伤口，然后包扎。

7. 吸入刺激性或有毒性气体　吸入氯气、氯化氢气体时，可吸入少量酒精和乙醚的混合蒸气使之解毒。吸入硫化氢或一氧化碳气体而感到不适时，应立即到室外呼吸新鲜空气。值得指出的是，氯气、溴中毒不可进行人工呼吸，一氧化碳中毒不可用兴奋剂。

8. 毒物进入口内　将 5～10mL 稀硫酸铜溶液加入一杯温水中，内服后，用手指伸入咽喉部，促使呕吐，吐出毒物，然后立即送医院。

9. 触电　首先切断电源，然后在必要时进行人工呼吸。

10. 火灾　发生火灾后，不要惊慌，要立即一面灭火，一面防止火势蔓延，可立即采取切断电源、移走易燃药品等措施。灭火的方法要根据起火原因选用合适的方法。一般的小火可用湿布、石棉布或沙子覆盖燃烧物。火势大时可使用泡沫灭火器。但电器设备所引起的火灾，只能使用二氧化碳或四氯化碳灭火器灭火，不能使用泡沫灭火器，以免触电。实验人员衣服着火时，切勿惊慌乱跑，赶快脱下衣服，用水浇灭或用石棉布覆盖着火处。

11. 伤势较重者　应立即送医院治疗。

四、实验室用水

纯水是化学实验中最常用的纯净溶剂和洗涤剂，根据实验的任务和要求的不同，对水的纯度要求也有所不同。一般的化学实验，采用蒸馏水或去离子水即可，超纯物质的分析，则需纯度较高的“超纯水”。在一般的分析实验中，离子选择电极法、配合滴定法和银量法用水的纯度较高。

纯水必须严格保持纯净，防止污染。聚乙烯容器是储存纯水的理想容器之一。

五、化学试剂规格

1. 常用试剂的规格 化学试剂的规格是以其中所含杂质多少来划分的，一般可分为四个等级，其规格和适用范围见表1-1。此外，还有光谱纯试剂、基准试剂、色谱纯试剂等。

表1-1 试剂规格和适用范围

等级	名称	英文名称	符号	适用范围	瓶签颜色
一级品	优级纯（保证试剂）	guarantee reagent	GR	纯度很高，适用于精密分析工作和科学研究工作	绿色
二级品	分析纯（分析试剂）	analytical reagent	AR	纯度仅次于一级品，适用于多数分析工作和科学研究工作	红色
三级品	化学纯	chemical pure	CP	纯度较二级差些，适用于一般分析工作	蓝色
四级品	实验试剂医用	laboratorial reagent	LP	纯度较低，适用作实验辅助试剂	棕色或其他颜色
	生物试剂	biological reagent	BR或CR		黄色或其他颜色

光谱纯试剂（符号S.P.）的杂质含量用光谱分析法测不出或者其杂质的含量低于某一限度，这种试剂主要用作光谱分析中的标准物质。

基准试剂的纯度相当于或高于保证试剂。基准试剂用作滴定分析中的一级标准物质是非常方便的，也可用于直接配制标准溶液。

一般说来，在无机化学实验中，化学纯级别的试剂已够用，个别的实验中要使用分析纯级别的试剂，而分析化学实验对试剂级别要求较高，一般都在分析纯级别以上。在分析工作中，选用试剂的纯度要与所用方法相当，实验用水、操作器皿等要与试剂的等级相适应。若试剂都选用GR级的，则不宜使用普通的蒸馏水或去离子水，而应使用经两次蒸馏制得的重蒸馏水。所用器皿的质地也要求较高，使用过程中不应有物质溶解，以免影响测定的准确度。

选用试剂时，要注意节约原则，不要盲目追求纯度高，应根据具体要求取用。优级纯和分析纯试剂，虽然是市售试剂中的纯品，但有时由于包装或取用不慎而混入杂质，或运输过程中发生变化，或储藏日久而变质，故还应具体情况具体分析。对所用试剂规格有所怀疑时应该进行鉴定。在特殊情况下，市售的试剂纯度不能满足要求时，分析者应自己动手精制。

2. 试剂的保管 试剂的保管在实验室中也是一项十分重要的工作。有的试剂因保管不好而变质失效，这不仅是一种浪费，而且还会使分析工作失败，甚至会引起事故。一般的化学试剂应保存在通风良好、干净、干燥的房子里，防止水分、灰尘和其他物质沾污。同时，根据试剂性质应有不同的保管方法。

（1）容易侵蚀玻璃而影响试剂纯度的，如氢氟酸，氟化物（氟化钾、氟化钠、氟化铵），苛性碱（氢氧化钾、氢氧化钠）等，应保存在塑料瓶中。

（2）见光会逐渐分解的试剂，如过氧化氢（双氧水）、硝酸银、焦性没食子酸、高锰酸钾、草酸、铋酸钠等，与空气接触易逐渐被氧化的试剂如氯化亚锡、硫酸亚铁、亚硫酸钠等，以及易挥发的试剂，如溴、氨水及乙醇等，应放在棕色瓶内，置冷暗处。

（3）吸水性强的试剂，如无水碳酸盐、苛性钠、过氧化钠等应严格密封（蜡封）。

（4）相互易作用的试剂，如挥发性的酸与氨、氧化剂与还原剂，应分开存放。易燃的试剂如乙醇、乙醚、苯、丙酮与易爆炸的试剂如高氯酸、过氧化氢、硝基化合物，应分开储存在阴凉通风、不受阳光直接照射的地方。

(5) 剧毒试剂如氰化钾、氰化钠、氢氰酸、二氯化汞、三氧化二砷(砒霜)等，应特别妥善保管，经一定手续取用，以免发生事故。

六、实验室常用器皿及试纸的介绍

1. 实验室常用器皿　实验室常用器皿见表 1-2 所示。

表 1-2　实验室常用器皿

器皿	规格	主要用途	使用方法和注意事项	理由
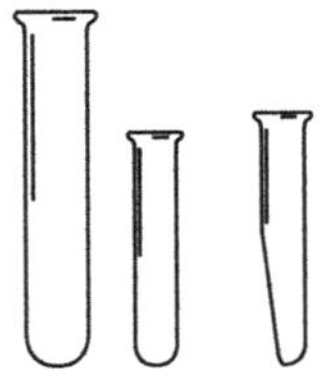 试管，离心管	玻璃制品，分硬质和软质，有普通试管和离心试管(也叫离心机管)。普通试管又有翻口、平口，有刻度、无刻度，有支管、无支管，有塞、无塞等几种；离心试管也分有刻度和无刻度的 规格：有刻度的试管和离心试管按容量(mL)分，常用有5、10、15、20、25、50等。无刻度试管按管外径(mm)×管长(mm)分，有8×70、10×75、10×100、12×100、12×120、15×150…	1. 在常温或加热条件下用作少量试剂反应容器，便于操作和观察 2. 收集少量气体用 3. 支管试管还可检验气体产物，也可接到装置中用 4. 离心试管还可用于沉淀分离	1. 反应液体不超过试管容积的 1/2，加热时不超过 1/3 2. 加热前试管外面要擦干，加热时要用试管夹 3. 加热液体时，管口不要对人，并将试管倾斜，与桌面成45°，同时不断振荡，火焰上端不能超过管里液面 4. 加热固体时，管口应略向下倾斜 5. 离心试管不可直接加热	1. 防止振荡时液体溅出或受热溢出 2. 防止有水滴附着受热不匀，使试管破裂；以免烫手 3. 防止液体溅出伤人。扩大加热面防止爆沸。防止受热不均匀使试管破裂 4. 增大受热面，避免管口冷凝水流回灼热管底而引起破裂 5. 防止破裂
 烧杯	玻璃质，分硬质和软质，有一般型和高型，有刻度和无刻度的几种 规格：按容量 mL 分，有 50、100、150、200、250、500… 此外还有 1、5、10 的微烧杯	1. 常温或加热条件下作大量物质反应容器，反应物易混合均匀 2. 配制溶液用 3. 代替水槽用	1. 反应液体不得超过烧杯容量的 2/3 2. 加热前要将烧杯外壁擦干，烧杯底要垫石棉网	1. 防止搅动时液体溅出或沸腾时溢出 2. 防止玻璃受热不均而遭破裂
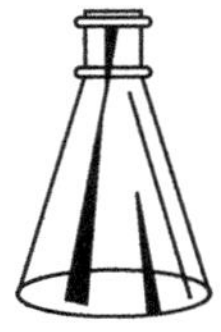 锥形瓶	玻璃质，分硬质和软质，有塞和无塞，广口、细口和微型的几种 规格：按容量 mL 分，有 50、100、150、200、250、500…	1. 反应容器 2. 振荡方便，适用于滴定操作	1. 盛液不能太多 2. 加热应下垫石棉网或置于水浴中	1. 避免振荡时溅出液体 2. 防止受热不均而破裂

续表

器皿	规格	主要用途	使用方法和注意事项	理由
 滴瓶	玻璃质,分棕色、无色两种,滴管上带有橡皮胶头 规格:按容量 mL 分,有 15、30、60、125 等	盛放少量液体试剂或溶液,便于取用	1. 棕色瓶盛放见光易分解或不太稳定的物质 2. 滴管不能吸得太满,也不能倒置 3. 滴管专用,不得弄乱,弄脏	1. 防止物质分解或变质 2. 防止试剂侵蚀橡皮胶头 3. 防止沾污试剂
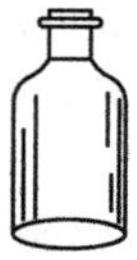 细口瓶	玻璃质,有磨口和不磨口,无色、棕色和蓝色的几种 规格:按容量 mL 分,有 100、125、250、500、1000… 细口瓶又叫试剂瓶	储存溶液和液体药品的容器	1. 不能直接加热 2. 瓶塞不能弄脏、弄乱 3. 盛放碱液改用胶塞 4. 有磨口塞的细口瓶不用时应洗净,并在磨口处垫上纸条 5. 有色瓶盛见光易分解或不太稳定的物质的溶液或液体	1. 防止玻璃破裂 2. 防止沾污试剂 3. 防止碱液与玻璃作用,使塞子打不开 4. 防止粘连,不易打开玻璃塞 5. 防止物质分解或变质
 广口瓶	玻璃质,有无色、棕色的,有磨口、不磨口的,磨口有塞,若无塞的瓶口上沿是磨砂的则为集气瓶 规格:按容量 mL 分,有 30、60、125、250、500…	1. 储存固体药品用 2. 集气瓶还用于收集气体	1. 不能直接加热,不能放碱,瓶塞不得弄脏、弄乱 2. 作气体燃烧实验时,瓶底应放少许砂子或水 3. 收集气体后,要用毛玻璃片盖住瓶口	1. 同上 2. 防止瓶破裂 3. 防止气体逸出
 量桶	玻璃质 规格:按容量 mL 分,有 5、10、20、25、50、100、200… 上口大下部小的叫量杯	用于量取一定体积的液体	1. 应竖直放在桌面上,读数时,视线应和液面水平,读取与弯月面底相切的刻度 2. 不可加热,不可做实验(如溶解、稀释等) 3. 不可称量热溶液或液体	1. 读数准确 2. 防止破裂 3. 容积不准确
 称量瓶	玻璃质,分高型、矮型两种 规格:按容量 mL 分,高型有:10、20、25、40… 矮型有:5、10、15、30…	准确称取一定量固体药品时用	1. 不能加热 2. 盖子是磨口配套的,不得丢失,弄乱 3. 不用时应洗净,在磨口处垫上纸条	1. 防止玻璃破裂 2. 易使药品沾污 3. 防止粘连,打不开玻璃盖

续表

器皿	规格	主要用途	使用方法和注意事项	理由
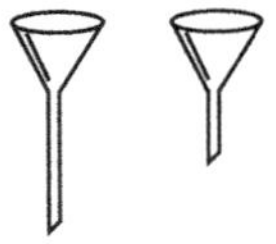 长颈漏斗 漏斗	玻璃质或搪瓷质，分长颈和短颈两种 规格：按斗径 mm 分，有 30、40、60、100、120… 此外，铜制漏斗专用于热滤	1. 过滤液体 2. 倾注液体 3. 长颈漏斗常装配气体发生器，加液用	1. 不可直接加热 2. 过滤时漏斗颈尖端必须紧靠承接滤液的容器壁 3. 长颈漏斗作加液时，漏斗颈应插入液面内	1. 防止破裂 2. 防止滤液溅出 3. 防止气体自漏斗泄出
 分液漏斗	玻璃质，有球形、梨形、筒形和锥形几种 规格：按容量 mL 分，有 50、100、250、500…	1. 用于互不相溶的液-液分离 2. 气体发生器装置中加液用	1. 不能加热 2. 塞上涂一薄层凡士林，旋塞处不能漏液 3. 分液时，下层液体从漏斗管流出，上层液体从上口倒出 4. 装气体发生器时漏斗管应插入液面内（漏斗管不够长，可接管）	1. 防止玻璃破裂 2. 旋塞旋转灵活，又不漏水 3. 防止分离不清 4. 防止气体自漏斗管喷出
 布氏漏斗 抽滤瓶	布氏漏斗为瓷质 规格：以直径（mm）表示 抽滤瓶为玻璃质 规格：按容量 mL 分，有 50、100、250、500 … 两者配套使用	用于无机制备中晶体或沉淀的减压过滤（利用抽气管或真空泵降低抽滤瓶中压力来减压过滤）	1. 不能直接加热 2. 滤纸要略小于漏斗的内径，才能贴紧 3. 先开抽气管，后过滤。过滤完毕后，先分开抽气管与抽滤瓶的连接处，后关抽气管	1. 防止玻璃破裂 2. 防止过滤液由边上漏滤，过滤不完全 3. 防止抽气管水流倒吸
 表面皿	玻璃质 规格：按直径 mm 分，有 45、65、75、90…	盖在烧杯上，防止液体迸溅或其他用途	不能用火直接加热	防止破裂
 蒸发皿	瓷质，也有玻璃、石英、铂制品，有平底和圆底两种 规格：按容量 mL 分，有 75、200、400…	口大底浅，蒸发速度大，作蒸发、浓缩溶液用，随液体性质不同可选用不同质的蒸发皿	1. 能耐高温，但不宜骤冷 2. 一般放在石棉网上加热	1. 防止破裂 2. 受热均匀
 坩埚	瓷质，也有石墨、石英、氧化铁、镍或铂制品 规格：以容量 mL 分，有 10、15、25、50 …	强热、煅烧固体用。随固体性质不同可选用不同质的坩埚	1. 放在泥三角上直接强热或煅烧 2. 加热或反应完毕后用坩埚钳取下时，坩埚钳应预热，取下后应放置石棉网上	1. 瓷质、耐高温 2. 防上骤冷而破裂、防止烧坏桌面

续表

器皿	规格	主要用途	使用方法和注意事项	理由
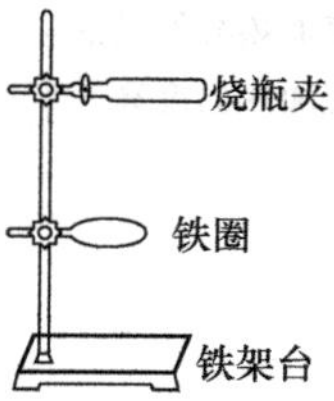	铁制品，铁夹现在有铝制的，铜制的 铁架台有圆形的也有长方形的 铁环规格有 5、7、9	用于固定或放置反应容器。铁圈还可代替漏斗架使用	1. 仪器固定在铁架台上时，仪器和铁架的重心应落在铁架台底盘中部 2. 铁夹夹持仪器时，以仪器不能转动为宜，不能过紧过松 3. 加热后铁圈不能撞击或摔落在地	1. 防止站立不稳而翻倒 2. 过松易脱落，过紧可能夹破仪器 3. 避免断裂
 毛刷	名称以大小或用途表示，如试管刷、滴定管刷等	洗刷玻璃器皿	洗涤时手持刷子的合适部位。注意毛刷顶部竖毛完整程度	避免洗不到器皿顶部，或毛刷顶端撞破器皿
 研钵	瓷质，也有玻璃、玛瑙或铁制品。规格，以口径大小表示	1. 研碎固体物质 2. 固体物质的混合，按固体的性质和硬度选用不同的研钵	1. 大块物质只能压碎，不能舂碎 2. 放入量不宜超过研钵容积的 1/3 3. 易爆炸物只能轻轻压碎，不能研磨	1. 防止击碎研钵和杵，避免固体飞溅 2. 以免研磨时把物质甩出 3. 防止爆炸
 试管架	有木质和铝质的，有不同形状和大小的	放试管用	试管加热后用试管夹夹住悬放架上	避免骤冷或遇架上湿水使之炸裂
 试管夹	有木制、竹制，也有金属丝（钢或铜）制品，形状也不同	夹持试管用	1. 夹在试管上端 2. 不要把拇指按在夹的活动部分 3. 一定要从试管底部套上和取下试管夹	1. 便于摇动试管，避免烧焦夹子 2. 避免试管脱落 3. 避免污染试管内试剂
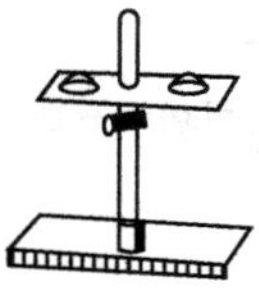 漏斗架	木制品、有螺丝可固定于铁架或木架上，也叫漏斗板	过滤时承接漏斗用	固定漏斗架时，不要倒放	以免损坏

续表

器皿	规格	主要用途	使用方法和注意事项	理由
 三角架	铁制品，有大小、高低之分，比较牢固	放置较大或较重的加热容器	1. 放置加热容器(除水浴锅外)应先放石棉网 2. 下面加热灯焰的位置要合适，一般用氧化焰加热	1. 使加热容器受热均匀 2. 使加热温度高
 泥三角	由铁丝扭成，套有瓷管，有大小之分	灼烧坩埚时放置坩埚用	1. 使用前应检查铁丝是否断裂，断裂的不能使用 2. 坩埚放置在泥三角上加热 3. 灼烧后小心取下，不要摔落	1. 铁丝断裂，灼烧时坩埚不稳也易脱落 2. 灼烧得快 3. 以免损坏
 药勺	由牛角、瓷、不锈钢或塑料制成，现多数是塑料的	拿取固体药品用。药勺两端各有一个勺，一大一小。根据用药量大小分别选用	取用一种药品后，必须洗净，并用滤纸屑擦干后，才能取用另一种药品	避免沾污试剂，发生事故
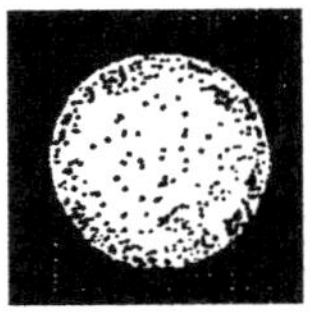 石棉网	由铁丝编成，中间涂有石棉，有大、小之分	石棉是一种不良导体，它能使受热物体均匀受热，不致造成局部高温	1. 应先检查，石棉脱落的不能用 2. 不能与水接触 3. 不可卷折	1. 起不到作用 2. 以免石棉脱落或铁丝锈蚀 3. 石棉松脆，易损坏
 水浴锅	铜或铝制品	用于间接加热，也可用于粗略控温实验中	1. 应选择好圈环，使加热器皿没入锅中 2/3 2. 经常加水，防止将锅内水烧干 3. 用完将锅内剩水倒出擦干水浴锅	1. 使加热物品受热上下均匀 2. 以免将水浴锅烧坏 3. 防止锈蚀(如铜制品会生铜绿)
 坩埚钳	铁制品，有大小、长短的不同(要求开启或关闭钳子不要太紧和太松)	夹持坩埚加热或往高温电炉(马福炉)中放、取坩埚(亦可用于夹取热的蒸发皿)	1. 使用时必须用干净的坩埚钳 2. 坩埚钳用后应尖端向上平放在实验台上(温度很高，应放在石棉网上) 3. 实验完毕后，应将钳子擦净，放入实验柜中干燥放置	1. 防止弄脏坩埚中药品 2. 保证坩埚钳尖端洁净，并防止烫坏实验台 3. 防止坩埚钳锈蚀

续表

器皿	规格	主要用途	使用方法和注意事项	理由
螺旋夹 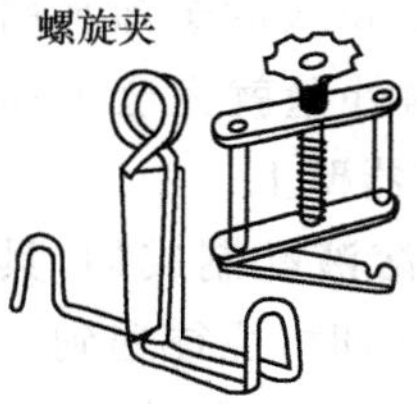 止水夹 螺旋夹 止水夹	铁制品，自由夹也叫弹簧夹、止水夹或皮管夹等多种名称，螺旋夹也叫节流夹	在蒸馏水储瓶、制气或其他实验装置中沟通或关闭流体的通路。螺旋夹还可控制流体的流量	一般将夹子夹在连接导管的胶管中部（关闭），或夹在玻璃导管上（沟通）。螺旋夹还可随时夹上或取下。注意： 1. 应使胶管夹在自由夹的中间部位 2. 在蒸馏水储瓶装置中，夹子夹持胶管部位应常变动 3. 实验完毕，应及时拆卸装置，夹子擦净放入柜中	1. 防止夹持不牢，漏液或漏气 2. 防止长期夹持，胶管粘结 3. 防止夹子弹性减小和夹子锈蚀

2. 实验室常用试纸

(1) 用石蕊试纸检查溶液的酸碱性时，可先将石蕊试纸剪成小块，放在干燥清洁的表面皿上，再用玻璃棒蘸取待测的溶液，滴在试纸上，于半分钟内观察试纸的颜色(酸性显红色，碱性显蓝色)变化。不得将试纸投入溶液中进行试验。

检查挥发性物质的酸碱性时，可先将石蕊试纸用蒸馏水润湿，然后悬空放在气体出口处，观察试纸颜色的变化。

(2) 使用 pH 试纸的方法与使用石蕊试纸大致相同，差别在于：当 pH 试纸显色后半分钟内，需将所显示的颜色与标准色标相比较，方能知道其具体的 pH 数值。广泛 pH 试纸色阶变化为“1”个 pH 单位；精密 pH 试纸的色阶变化小于“1”个 pH 单位。

(3)试纸应密闭保存，不要用沾有酸性或碱性的湿手去取试纸，以免变色。

七、实验室常用技术

1. 玻璃器皿的洗涤及干燥

(1) 器皿的洗涤：化学实验室经常使用各种玻璃器皿，而这些器皿是否干净，常影响到实验结果的准确性。所以应该保证所使用的器皿是很干净的。“干净”两字的含义绝不是我们日常所说的干净，而是具有纯净的意思。洗涤玻璃器皿的方法很多，应根据实验的要求、污物的性质和沾污的程度来选用。一般说来，附着在器皿上的污物既有可溶性物质，也有尘土和其他不溶性物质，还有油污和有机物质。针对这种情况，可以分别采用下列洗涤方法：

1) 用水刷洗：用毛刷就水刷洗，既可以使可溶物除去，也可以使附着在器皿上的尘土和不溶性物质脱落下来。但往往洗不掉油污和有机物质。

2) 用去污粉、肥皂或合成洗涤剂洗：肥皂和合成洗涤剂去垢原理众所周知。去污粉是由碳酸钠、白土、细沙等混合而成的。使用时，首先把要洗的器皿用水湿润(水不能多)，洒入少许去污粉，然后用毛刷擦洗。碳酸钠是一种碱性物质，具有强的去油污能力，而细沙的磨擦作用以及白土的吸附作用则增强了器皿清洗的效果。待器皿的内外器壁都经过仔细擦洗后，用自来水冲去器皿内外的去污粉，要冲洗到没有微细的白色颗粒状粉末留下为止。最后，用蒸馏水冲洗器皿三次，把由自来水中带来的钙、镁、铁、氯等离子洗去，每次的蒸馏水用量要少一些，注意节约（采取“少量多次”的原则）。这样洗出来的器皿的内外壁就完全干净了，把器皿倒置时就会观察到器皿中的水可以完全流尽而没有水珠附着在器壁上。

3）用铬酸洗液洗：这种洗液是由等体积的浓硫酸和饱和的重铬酸钾溶液配制成的，具有很强的氧化性，对有机物和油污的去污能力特别强。在进行精确定量实验时，往往遇到一些口小、管细的器皿很难用上述方法洗涤，就可用铬酸洗液来洗。往器皿内加入少量洗液，使器皿倾斜并慢慢转动，让器皿内壁全部被洗液湿润，转几圈后，把洗液倒回原瓶内，然后用自来水把器皿壁上残留的洗液洗去，最后用蒸馏水洗涤三次。如果用洗液把器皿浸泡一段时间，或者用热的洗液洗，则效率更高。但要注意安全，不要让热洗液灼伤皮肤。能用别的洗涤方法洗干净的器皿，就不要用铬酸洗液，因为后者成本较高。但实验要求高的器皿除外。洗液的吸水性很强，应随时把装洗液的瓶子盖严，以防吸水，降低去污能力。当洗液颜色变成绿色时（重铬酸钾被还原成硫酸铬的颜色），就失去了去污能力，不能继续使用。

4）特殊物质的去除：应根据沾在器壁上的这种物质性质，对症下药，采用适当药品来处理。如，沾在器壁上的二氧化锰用草酸溶液或双氧水来处理时，就很容易除去。凡是已洗净的器皿，绝不能再用布或纸去擦拭；否则，至少布或纸的纤维会留在器壁上而沾污器皿。

（2）器皿的干燥

1）加热烘干：洗净的器皿可以放在电烘箱（控制在 105℃左右）内烘干。应先尽量把水倒干，然后放进去烘。一些常用的烧杯、蒸发皿可置于石棉网上用小火烤干。试管则可以直接用火烤干，但必须把试管口向下，不断来回移动试管，烤到不见水珠后，将管口朝上，赶尽水汽，以免水珠倒流炸裂试管（如图 1-1 所示）。

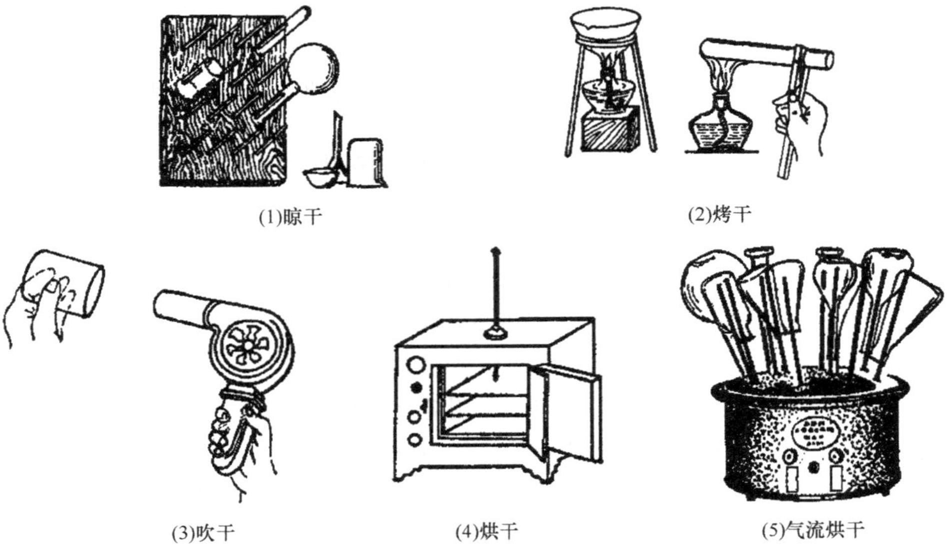

(1)晾干　(2)烤干

(3)吹干　(4)烘干　(5)气流烘干

图 1-1

2）晾干和吹干：不急等用的器皿在洗净后就可以放置于干燥处，任其自然晾干。

带有刻度的计量器皿,不能用加热的方法进行干燥,因为它会影响器皿精密度。我们可加一些易挥发的有机溶剂(最常用的是酒精或酒精与丙酮按体积比 1∶1 的混合物)倒入已洗净的器皿中去,倾斜并转动器皿,使器壁上的水与这些有机溶剂互相溶解混合,然后倾出它们。少量残留在器皿中的混合物,很快就挥发而干燥。若用吹风机往仪器中吹风,则干得更快。

2. 加热方法

(1) 酒精灯和酒精喷灯:实验室常利用酒精灯和酒精喷灯加热。前者用于温度不需太高的实验,后者则用于温度高的实验。酒精灯为玻璃制品,其盖子带有磨口。点燃灯芯时要用火柴,绝不能用另一个燃着的酒精灯来点火(图 1-2);否则,一旦灯内酒精外洒,就会引起烧伤或火灾。用毕盖上盖子使火焰熄灭,绝不能用嘴去吹灭。如需添加酒精时也要用同样办法使火焰熄灭,然后借助小漏斗添加酒精,以免酒精外洒(图 1-3)。长期未用的酒精灯,在第一次点燃时,先打开盖子,用嘴吹去其中聚集的酒精蒸汽,然后点燃,以免发生事故。

图 1-2　点燃酒精灯

图 1-3　往酒精灯内添加酒精

酒精喷灯的构造类似于煤气灯,只不过多了一个储存酒精的空心灯座和一个燃烧酒精用的预热盆,如图 1-4 所示。使用前,先往预热盆上注入一些酒精,点燃酒精使灯管受热,待酒精接近烧完时,开启开关使酒精从灯座内进入灯管而受热汽化,并与来自空气进入孔的空气混合。用火柴点燃,可得到与煤气灯一样的高温。实验完毕时只要关闭开关,就可熄火。

(2) 水浴与沙浴:当被加热物质要求受热均匀,而温度又不能超过 100℃时,可利用水浴。用煤气灯把水浴中的水煮沸,通过水蒸气加热放置在水浴的铜圈或铝圈上的器皿,如图 1-5 所示。铜或(铝)圈是一组大小不同的同心圈。根据器皿大小选用,以尽可能增大器皿底部的受热面积而又不掉进水浴为原则。水浴内盛水的量不要超过其容量的 2/3。根据情况添加水量,切勿烧干。不要把烧杯泡在水浴中加热,因为烧杯底碰到高温的锅底,容易受热不匀而破裂。此外,烧杯也易倾翻。

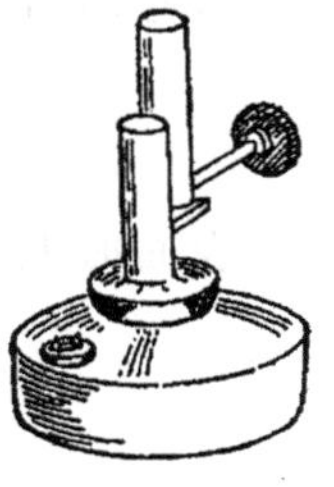

图 1-4　酒精喷灯

图 1-5　水浴加热

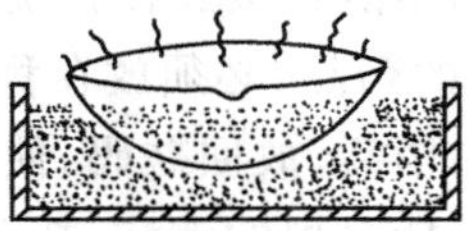

图 1-6　沙浴加热

当被加热物质要求受热均匀,而温度又要高于 100℃时,可使用沙浴。它是一个铺有一层均匀细沙的铁盘,它用煤气灯加热。被加热的器皿则放置在沙上,如图 1-6 所示。若要测量温度，可把温度计插入沙浴中。

(3) 电炉和马福炉：电炉如图 1-7 所示，可以代替煤气灯，用于加热盛于器皿中的液体。温度的高低可以通过调节电阻来控制。当电阻增大时，输入电流就降低而电热丝也就减少发热量；反之则加大。玻璃器皿和电炉之间要隔一块石棉网，才能加热均匀。

马福炉如图 1-8 所示，也是一种用电热丝加热的炉子。其炉膛是长方体，有一炉门，打开炉门就很容易放入要加热的坩埚，最高使用温度有 950℃和 1300℃。马福炉的温度测量不能用温度计而用一种高温计，它是由一付热电偶和一只毫伏表所组成。热电偶是由两根不同金属丝焊接一端制成的(如一根是镍铬丝，另一根是镍铝丝)，把未焊接在一起的那一端连接到毫伏表的(+)、(−)极上。将热电偶的焊接端伸入炉膛中，炉子温度愈高，金属丝发出的热电势愈大，反映在毫伏表上指针偏离零点也愈远，这就是高温计指示炉温的原理。

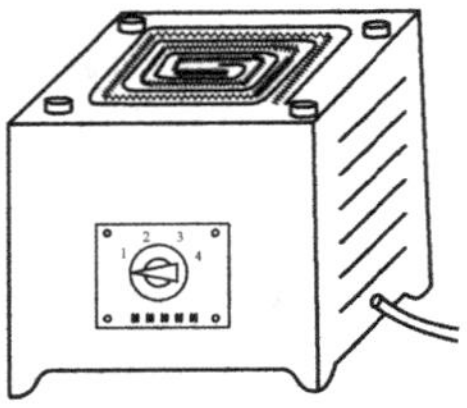

图 1-7 可调电炉

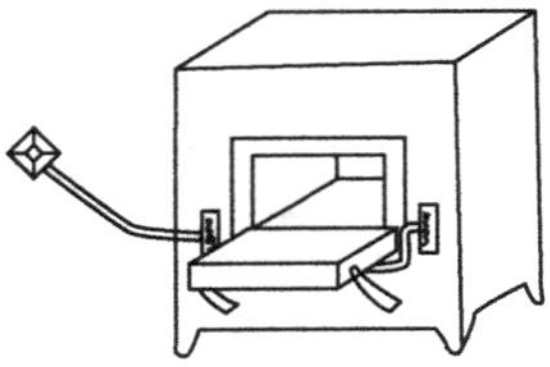

图 1-8 马福炉

有时需要控制炉温在某一温度，只要把热电偶和一只接入线路的温度控制器连接起来，待炉温升到所需温度时，控制器就把电源跳开，使炉子的电热丝断电停止工作，炉温就停止上升。由于炉子的散热，炉温刚稍低于所需温度时，控制器又把电源连通，使电热丝工作而炉温上升。就这样不断交替，就可把炉温控制在某一温度附近。

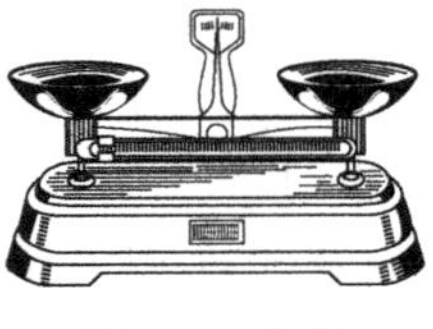

图 1-9 台秤

3. 称量

(1) 台秤(托盘天平，如图 1-9 所示)：台秤用于精确度不高的称量。一般能称准到 0.1g。在称量前，首先检查台秤的指针是否停在刻度盘上中间的位置。不在中间的话，可调节台秤托盘下面的螺旋，使指针停在中间的位置，称之为零点。称量物重时，左盘放称量物，右盘放砝码。10g(或 5g)以上的砝码放在砝码盒内，10g(或 5g)以下的砝码是通过移动游标尺的游码来添加的。当砝码添加到台秤两边平衡，即指针停在中间的位置为止，称之为停点。停点和零点之间允许偏差 1 小格以内。这时砝码所示的重量就是称量物的重量。称量时必须注意以下各点：

1) 台秤不能称量热的物体。

2) 称量物不能直接放在托盘上，视情况决定称量物放在纸上、表面皿上或容器中。吸湿或有腐蚀性的药品，必须放在称量瓶或带磨口的玻璃容器内。

3) 称量完毕后，放回砝码，使台秤各部分恢复原状。

4) 经常保持台秤的整洁，托盘上有药品时应立即擦净。

(2) 电子天平(METTLER TOLEDO AB204-S、SARTORIUS BS210S、LIANG PING FA1004 型)：最新一代的天平是电子天平，它是利用电子装置完成电磁力补偿的调节，使物体在重力场中实现力的平衡，或通过电磁力矩的调节，使物体在重力场中实现力矩的平衡。

电子天平的外形类似单盘天平，只有一个秤盘，但原理和结构截然不同。电子天平可分为顶部承载式和底部承载式两类，目前常见的大多数是顶部承载式。电子天平具有体积小、灵敏度高、准确度高、使用方便等优点，最大载荷一般为100g或200g，分度值可达到0.1mg或0.01mg。下面以BS210S型电子天平为例作以简单介绍。

1）BS210S型电子天平的外型结构，如图1-10所示。

2）键盘的操作功能

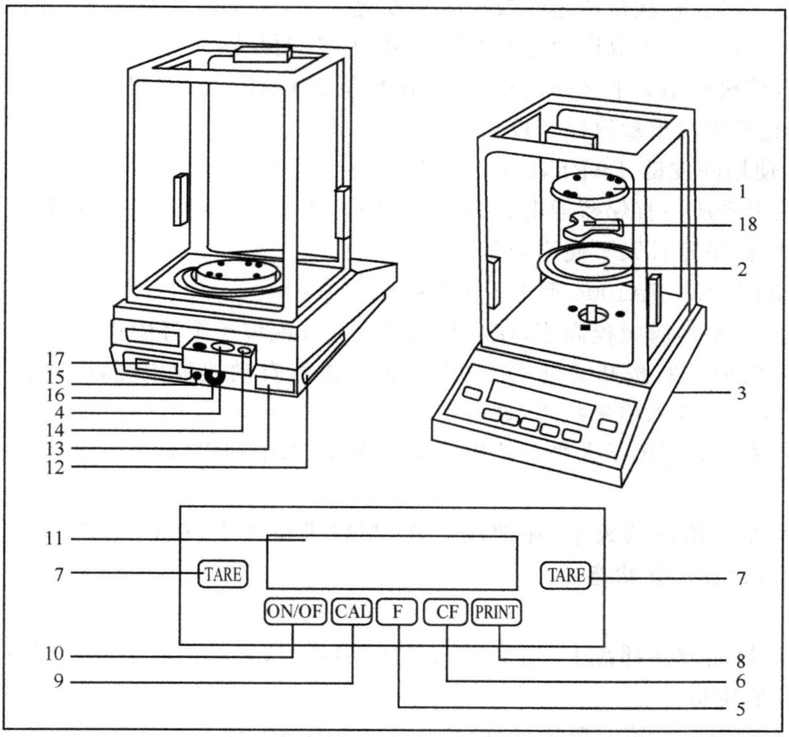

图1-10 电子天平

1. 秤盘；2. 屏蔽环；3. 地脚螺栓；4. 水平仪；5. 功能建；6. CF清除键；7. 除皮键；8. 打印键(数据输出)；9. 调校键；10. 开关键；11. 显示器；12. CMC标签；13. 具有OE标记的型号牌；14. 防盗装置；15. 菜单一去联锁开关；16. 电源接口；17. 数据接口；18. 秤盘支架

i. ON/OFF开关显示器键：接通电源，轻按一下该键，全屏就会自检，当显示器显示零时，自检过程即告结束，此时天平工作准备就绪。若再长按一下该键，显示器被关闭。

ii. TARE正除皮键，按下两个除皮键中的一个，显示器将显示：0.0000g，表明仪器被清零。这种清零操作可在天平的全量程范围内进行。

iii. CAL调校键：当显示器上出现0.0000g时，按下该键将激活校正功能，在显示器上显示出校正砝码的重量值(g)。置校正的砝码于秤盘上，电子天平自动执行调校过程，当屏幕显示校正砝码的重量值(g)，并当显示数值静止不动时，调校过程即已结束。如在调校时，出现错误或故障，则在屏幕上显示出错误指示信号“Err02”，此时，应重新调校。

iv. F功能键：该键可实现在两个重量单位之间切换。第二个单位通过“RI”标识出来。

v. CF 清除键：每个调校功能都能用 CF 键中断。

vi. PRINT 打印键：BS210S 型电子天平装备了一个接口装置，用于记录称重测量结果，可将该接口与一个打印机相连接，按一下该键，即可输出称量结果。

3) METTLER TOLEDO 及 SARTORIUS BS210S 型电子天平操作程序：

i. 调水平：调整地脚螺栓高度，使水平仪内空气气泡位于圆环中央。

ii. 开机：接通电源，按开关键 ON/OFF 直至全屏自检。

iii. 预热：天平在初次接通电源或长时间断电之后，至少需要预热 30 分钟。BS210S 型需预热 2.5 小时以上。为取得理想的测量结果，天平应保持在待机状态。

iv. 校正：首次使用天平必须进行校正，按校正键 CAL，天平将显示所需校正砝码的重量，放上砝码直至出现重量值(g)，校正结束。

v. 称量：使用除皮键 TARE，(或→O/T←)除皮清零。放置试样进行称量。

vi. 关机：天平应一直保持通电状态(24 小时)，不使用时将开关键关至待机状态，使天平保持恒温状态，可延长天平使用寿命。

4) LIANG PING FA1004 型电子天平操作程序：

i. 调水平：调整地脚螺栓高度，使水平仪内空气气泡位于圆环中央。

ii. 开机：接通电源，按开关键 ON/OFF，天平进行自动故障检测，一切正常时，天平显示友好界面“OK”并进入称量状态，显示为“0”。

iii. 预热：为了提高电子天平在使用中的准确度，天平通电以后，应进行预热，时间不低于 60 分钟。

iv. 校准：经过预热的天平，在使用之前，都应进行校准，按校准键 CAL，天平显示为“C”。天平达到最佳工作状态。

v. 称重

• 将待称物品放在秤盘上，当稳定标志“g”出现时，表示读数已稳定，此时天平的显示值即为该物品的质量。

• 如需在秤盘上称第二种物品，可按去皮 TARE 键，使天平显示为“0”。

• 放上第二种物品，显示值即为该物品的质量。

• 这时，在按去皮 TARE 键，使天平显示为“0”。

• 将秤盘上的物品全部拿掉，天平显示两物品的总质量。

(3) 分析天平：分析天平是进行精确称量最重要的常用仪器。定量分析的准确度与称量的准确度密切相关，为了获得准确的分析结果，必须熟悉分析天平的构造、称量原理、性能和使用方法。

1) 分析天平的称量原理：分析天平称量精确程度一般可达 0.0001g(即 0.1mg)，称为“万分之一天平”。它同台秤一样，都是根据杠杆原理制成的称量仪器，用已知质量的砝码来平衡称量物的质量。下面以等臂天平为例说明称量原理。如图 1-11 所示，在杠杆 AOB 上，O 为支点，A、B 分别为力点，两臂相等即 AO＝OB，被称量物放在左盘(质量为 m_1)，砝码放在右盘(质量为 m_2)，当天平达到平衡时根据杠杆原理力矩相等，即 AO · m_1 ＝OB · m_2，因为 AO＝OB，所以 $m_1=m_2$，砝码的质量等于被称量物的质量。有时习惯上把

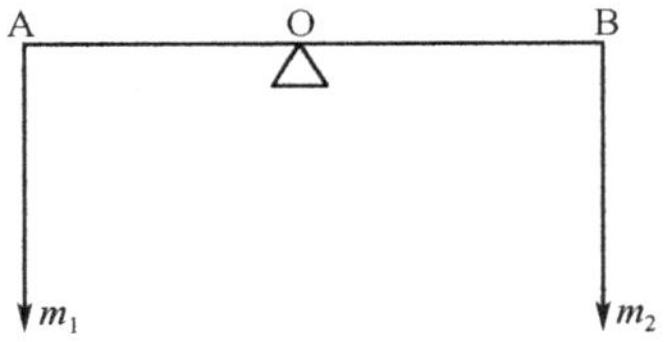

图 1-11 天平的称量原理

用天平称得物体的质量称之为物体的质量。

2）双盘半自动电光分析天平的结构和主要部件，如图 1-12 所示。

i. 外框部分：外框由木架和玻璃制成称作天平箱⑥，安放在装有天平的大理石或玻璃的底板上，用以保护天平，免受粉尘、水蒸气、热源、气流等外界条件及偶尔撞击的影响。天平箱前门供安装和修理天平时使用，右门用于取放砝码，左门用于取放称量物。底板下有三个水平调整螺旋脚⑮，后面一个固定不动，前边两个可以调节。天平的水平仪一般采用水平泡，安装在天平柱⑨的后面。

ii. 天平柱和升降枢：天平柱⑨是空心柱体，垂直固定在天平底板的正中。柱的上方嵌有玛瑙平板（称作刀承），与天平梁的刀口⑤接触。升降枢（升降旋钮）⑰安放在天平柱的下方，其拉杆穿过天平柱空心孔控制托梁架。升降杠是天平的主要部件，它不但连接着托梁架，打开升降枢降下托梁架，使三个玛瑙刀与相应的刀承接触，而且还与安装在天平底板上的盘托⑭和光源相连，打开升降枢的同时，使天平盘自由摆动并接通电光源，在光屏⑫上可以看到缩微标尺的投影。关闭升降枢不但托住天平梁和天平盘，使刀口和刀承脱离，保护了刀口和刀承不受损害，又能切断电源。

iii. 天平梁：天平梁是天平的主要部件，由用钛铜合金或铝合金制成的横梁、用玛瑙制成的刀及重心砣、平衡螺丝和指针等组成。横梁①上装有刀口平行且处于同一平面的三个玛瑙刀，中间为支点刀⑤，刀口向下，两边与支点刀等距离的为承重刀，刀口向上。刀口的锐利程度决定分析天平的灵敏度，因此保护刀口是非常重要的。在天平梁中下方装有细长而垂直的指针④，指针下端装有缩微标尺，标尺共有 10 个大格，每大格相当于 1mg，每大格又分 10 小格，每小格相当于 0.1mg，天平摆动时指针也跟着摆动。

光源通过光学系统，（如图 1-13 所示），将缩微标尺的刻度放大，反射到光屏上，从光屏上就可以看到标尺的投影。光屏中央有一条垂直的刻线，标尺零线投影与刻线重合即为天平的平衡位置。调屏拉杆⑯可以将光屏左右移动一定距离，在天平空载时，打开升降枢可以拨动调屏拉杆，使缩微标尺的“0”与刻线重合，达到调整零点（空载时的平衡点）的目的。

梁上有一个重心砣，可以上下移动，改变横梁重心位置，用于调整天平的灵敏度，梁的两边对称孔中装有平衡螺丝，用以调整天平梁的平衡位置（零点）。

iv. 吊耳：如图 1-14 所示，天平称量时与天平梁两边的承重力接触的部件称为吊耳（蹬），其中间有面向下嵌着玛瑙平板（刀承）直接承受玛瑙刀。两端面向下两个螺丝凹槽，天平不用时，凹槽与托梁架上的托吊耳螺丝接触把吊耳托住，使刀口与刀承离开，在吊耳上还装有挂托盘和空气阻尼器内筒的悬钩。

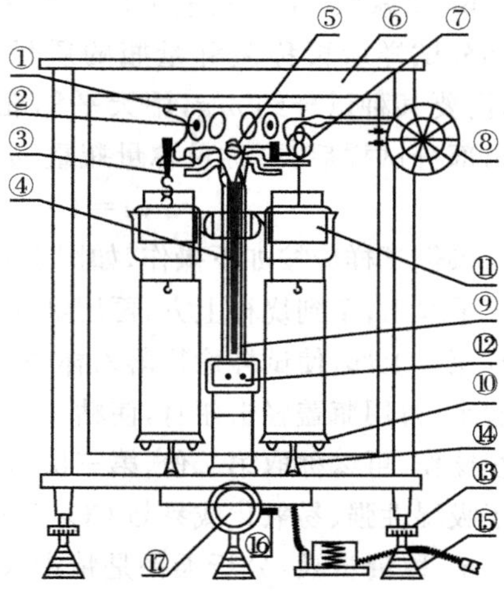

图 1-12　半自动电光天平

①横梁；②平衡螺丝；③吊耳；④指针；⑤支点刀；⑥天平箱；⑦圈码；⑧指数盘；⑨天平柱；⑩托盘；⑪阻尼筒；⑫光屏；⑬螺旋脚；⑭盘托；⑮垫脚；⑯调屏拉杆；⑰升降枢纽

v. 空气阻尼器：在两个吊耳下各悬挂着由两个内外互相套合而又不接触的铝制筒装置，称为阻尼器（又称制摆器）⑪，外管固定在天平柱上，内管悬挂在吊耳上。当天平摆动时由于筒内空气的阻力，促使天平很快停止摆动，缩短达到零点或停点(载重时的平衡点)的时间。

vi. 砝码和圈码指数盘⑧:在半自动电光分析天平加 1g 以上的砝码时,用镊子夹取放在具有固定位置的砝码盒中的砝码。砝码的组合方式通常有两种:一种是 5221 制,就是由 100、50、20、20、10、5、2、2、1g 共 9 个砝码组成;另一种是 5211 制,就是由 100、50、20、10、10、5 、2、1、1g 共 9 个砝码组成,质量相同的砝码做出不同标记以示区别。配置这样砝码的分析天平最大载荷为 200g。

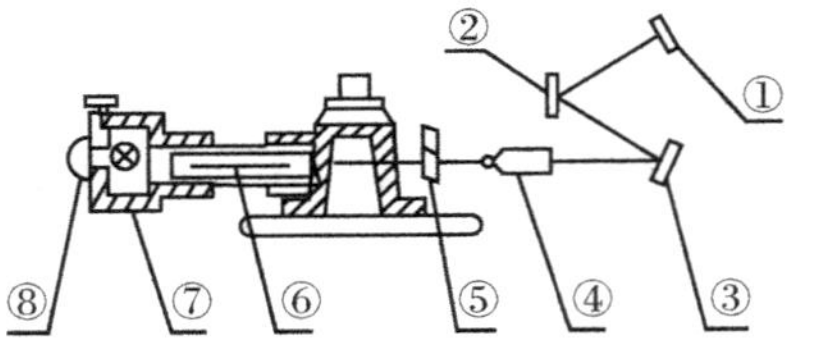

图 1-13　光学读数装置

①光屏;②、③反射镜;④物镜筒;⑤缩微标尺;⑥聚光镜;⑦照明筒;⑧灯头座

添加 1g 以下的砝码,用圈码指数盘⑧,把 1g 以下砝码制成环状圈码,转动指数盘可以往天平梁的承架上加 10～990mg 的圈码。指数盘如图 1-15 所示。刻有圈码质量的数值,分内外两层,内层由 10～90mg 组成,外层由 100～900mg 组成。天平达到平衡时,可由内外层对天平方向的刻线上读出圈码的质量。

3) 称量方法和步骤

i. 称量方法:用分析天平进行称量,一般可采用以下两种方法:

a. 指定质量称量法:有的固体试样无吸湿性,在空气中性质稳定,如金属、矿石、某些试剂等可用此法。称量时首先在天平上准确称出容器(如小烧杯、小表面皿、称量瓶等)的质量。然后根据所需要试样的质量,在右盘上放好砝码。再用角匙向左盘的容器中逐渐添加试样直到天平平衡为止,这时所称的试样即为所需指定的质量。

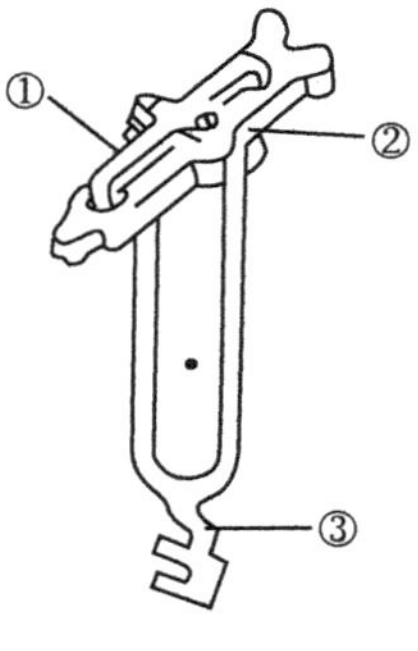

图 1-14　吊耳

①十字架;②支架;③挂钩

b. 差减法(又称减重法):首先称量装有试样的称量瓶的质量,倒出部分试样后再称量称量瓶的质量,两者之差即为试样的质量。例如,需要某种试样约 mg,用天平称准装有试样的称量瓶质量 m_1g,倾倒出部分试样后,再称量称量瓶重 m_2g,倒出试样质量为

$$m=(m_1-m_2)\text{g}$$

倾倒试样应按如下操作,如图 1-16 所示,称准的称量瓶用纸条裹住自天平取出,拿到烧杯上方,再用纸片裹着取下瓶盖,使瓶身倾斜 45°或更大角度,用瓶盖轻轻敲打瓶口上部,使试样徐徐落入杯中,当倾出试样的量符合要求时,在烧杯上方将瓶身慢慢直立起来,再用瓶盖轻击瓶身,使粘在瓶口的试样落入烧杯或称量瓶中,盖好瓶盖再次称量,如此连续操作,可以称取第二份、第三份试样的质量。此法适用于连续称量多份试样的测试,尤其对于吸湿性强、易氧化或易与 CO_2 反应的物质的称量都应该用差减法。

ii. 称量步骤:分析天平是精密仪器,称量时要认真细致,一般按下列步骤进行:

a. 轻轻取下天平罩,折叠好后放在天平箱上或天平右后方。

b. 称量前对天平作如下检查:天平是否水平,圈码是否挂好,圈码指数盘是否处于“0”位,天平盘是否空载,天平箱内是否清洁,各部件是否处于相等的位置等。如发现问题及时报告指导老师,初学者应在教师指导下作相应处理。

c. 测定天平零点:接通电源后用左手慢慢开动升降枢,可以看到缩微标尺的投影在光屏上移动,当投影稳定后,若光屏上的刻线不与标尺的“0”位重合。可以拨动调平拉杆,移动光屏的位置使之重合,若组差较大,则应请教师调节平衡螺旋达到平衡位置。

d. 称量:用台秤粗称装有试样的称量瓶的质量后,从天平左门放入托盘中央,再用镊子夹取略重于精称质量的砝码从右门放入托盘中央,缓慢地扭转升降枢,观察光屏上的标尺移动方向。如果标尺右移,表示砝码比称量瓶重(判断两盘轻重的方法:标尺总是偏向重盘方向),立即关闭天平,减少砝码后再称量。如果减少砝码后标尺又左移,可能会出现两种情况。其一,标尺稳定后刻线与标尺在10格内的地方重合,即可读数。其二,标尺迅速左移,表示砝码太轻,应关闭天平增加砝码再称量。按照由大到小、中间截取、逐级试验的方法反复增减砝码,使增减的砝码质量接近到g单位以后,关上右门,转动圈码指数盘,用与砝码相同的方法加圈码,直到出现光屏上的刻线与标尺投影上的某一读数相重合为止。

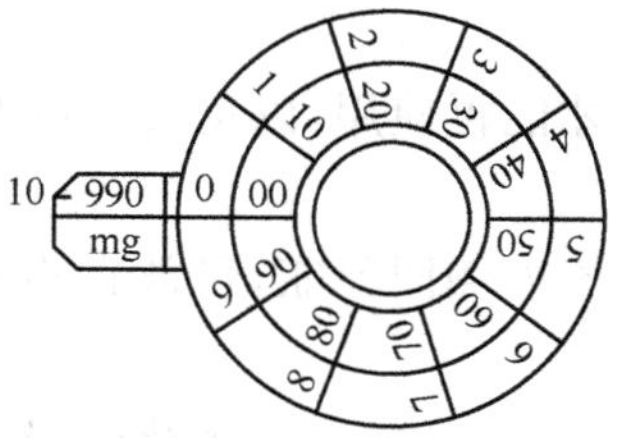

图 1-15　圈码指数盘

图 1-16　固体试样的倒出

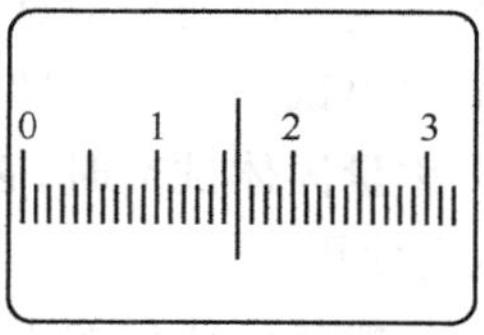

图 1-17　光屏标尺的读数

e. 读数:先根据砝码盒中的空位记下砝码质量(g),再记下圈码盘读数(10～990mg)和光屏读数(10mg以下),三者之和即为盛有试样的称量瓶的精确质量;然后关闭升降枢,将砝码取出放回盒中固定位置,逐一校对所记录的数字;关好边门,再将圈码指数盘退到“0”位,校对圈码读数。例如砝码重21g,圈码读数350mg,光屏上刻线与标尺投影的1.6格处重合,如图1-17所示,读做1.6mg,则盛有样品的称量瓶的质量是:

$$21g+0.35g+0.0016g=21.3516g$$

根据需要倒出适量试样后,再在天平上称出装有剩余试样的称量瓶的精确质量(此时不必在台秤上粗称),二者之差即为倒出试样的精确质量。

f. 称量完毕,记下质量,取下称量物,把砝码逐一放入砝码盒中,关好边门,再将圈码指数盘恢复到“0”位,切断电源,罩好天平箱外罩。

iii. 分析天平的使用规则

a. 分析天平应放在不受阳光直射又固定不动的天平台上,不要随意移动天平位置,更不能使之受腐蚀性气体的侵蚀。

b. 天平箱内要保持清洁、干燥,定期更换干燥剂(变色硅胶)。

c. 称量前应检查天平是否正常,如果发现异常或称量过程中发生故障,应请教师帮助修理,初学者不可随意调试。

d. 从左门置称量物于左盘中央,从右门至砝码于右盘中央,决不允许天平超载,也不能在天平盘上称量热的物体。要称量湿的或腐蚀性物质时,应放入密封容器中,不准把任何称量物直接放在托盘上。

e. 取称量瓶要用纸条或纸片缠裹瓶身和瓶盖,不许用手直接拿取。用差减法称量时,倾倒出的试样过多,不许往称量瓶中回倒,而需重新称量。

f. 一切操作都要细心,要轻拿轻放轻闭。取放砝码和称量物必须在天平休止时进行,绝对禁止在天平摆动时取放称量物或砝码(圈码)。

g. 在两托盘接近等重时，再关闭天平门，添加圈码。读准数值后即关闭升降枢，把称量结果立即记在记录本或实验报告上，不可记在零星纸上，以免遗失。

h. 称量完毕，用镊子把砝码放入砝码盒，不许用手直接取放砝码或乱放，以免沾污或碰撞，影响砝码质量。两盒砝码不可混用，即使一个实验中的多次称量应该用同一标号的砝码，以减少称量误差，一切复原后切断电源，罩好天平罩，填好天平使用情况登记册（卡）。

4. 化学试剂的取用及溶液的配制　化学试剂一般在实验准备室中分装时，把固体试剂装在易于拿取的广口瓶中，液体试剂或配制成的溶液则盛放在易于倒取的细口瓶或带有滴管的滴瓶中。见光易分解的试剂（如硝酸银等）则应盛放在棕色瓶内。每一试剂瓶上都贴有标签，上面写明试剂的名称、浓度（若为溶液时）和日期。在标签外面涂一薄层腊来保护它。

（1）固体试剂的取用规则

1）要用干净药勺取试剂。用过的药勺须洗净并擦干后才能再使用，以免沾污试剂。

2）取出试剂后应立即盖紧瓶盖，不要盖错盖子。

3）称量固体试剂时，必须注意不要取多。取多的药品，不能倒回原瓶，可放在指定容器中供他人使用。

4）一般的固体试剂可以称量在干净的纸或表面皿上。具有腐蚀性、强氧化性或易潮解的固体试剂不能称在纸上。不准使用滤纸来盛放称量物，以免浪费。

5）有毒药品要在教师指导下取用。

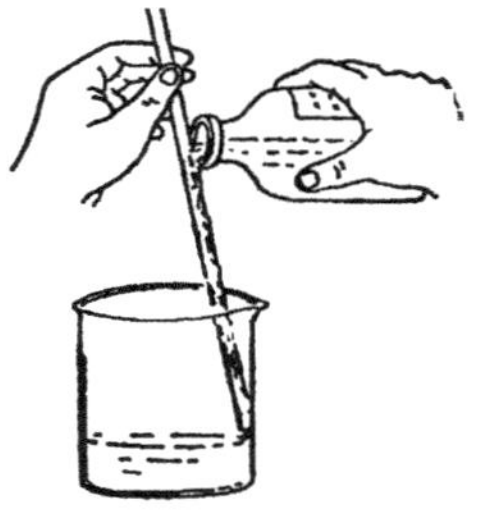

图 1-18　液体试剂倒入烧杯

（2）液体试剂的取用规则

1）从滴瓶中取用液体试剂时，滴管绝不能触及所使用的容器壁，以免沾污。滴管放回原滴瓶时不要放错。不准用自己的滴管到瓶中取药。滴管不能倒置。

2）取用细口瓶中的液体试剂时，先将瓶塞反放在桌面上，不要弄脏。把试剂瓶上贴有标签的一面握在手心中，逐渐倾斜瓶子，倒出试剂。试剂应该沿着洁净的试管壁流入试管或沿着洁净的玻璃棒注入烧杯，如图 1-18 所示。取出所需量后，逐渐竖起瓶子，把瓶口剩余的一滴试剂碰到试管或烧杯中去，以免液滴沿着瓶子外壁流下。盖瓶盖时不要盖错。

3）定量使用时可使用量筒或移液管。取多的试剂不能倒回原瓶，可倒入指定容器内供他人使用。

（3）溶液的配制

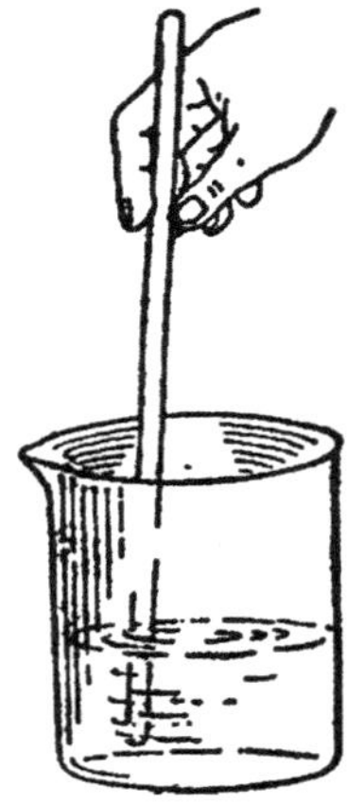

图 1-19　搅拌溶液的手法

1）饱和溶液配制：若配制硫化氢、氯气等气体饱和溶液，只要在常温下把发生出来的硫化氢、氯气等气体通入蒸馏水中一段时间即可。若配制某固体试剂的饱和溶液时，先按该试剂溶解度数据计算出配制时所需试剂量和蒸馏水量。称量出比计算量稍多的固体试剂。若颗粒较大，则用研钵磨碎（研钵中容纳固体的量不要超过其容量的 1/3）。溶解时，常用搅拌、加热等方法来加快溶解。搅拌时，应手持搅棒并转动手腕，使搅棒在液体中均匀转圈。转动速度不要太快，也不要使搅棒碰到器壁上，以免打碎烧杯，如图 1-19 所示。加热到一定温度而固体残留不再溶解为止，冷却到室温后又有一些固体析出，这种溶液就是饱和溶液。

2）易水解盐溶液的配制：氯化锡（Ⅱ）、氯化锑（Ⅲ）、硝酸铋（Ⅲ）等盐，一旦遇水立即水解成氢氧化物或碱式盐，所以要配制它们的水溶液时，必须把它们溶解在相应的稀盐酸或稀硝酸溶液中，以抑制水解，才能得到透明的溶液。

3) 标准溶液的配制：无机及分析化学实验中常要使用标准溶液，其配制方法主要有两种。

i. 直接法：根据所需浓度和对误差的要求，合理地选择试剂规格、天平级别、称量的器皿和方法、盛装溶液的容器等。

例如：需配制 0.02000mol · L^{-1} $K_2Cr_2O_7$ 溶液 500mL 作为氧化还原法的滴定剂时，可用洁净的小烧杯，采用固定称重法，在分析天平上准确称取一级标准物质 $K_2Cr_2O_7$ 2.9418g，加少量水使之溶解，定量转入 500mL 容量瓶中，加水稀释至刻度，摇匀。

又如在吸光光度分析中，需要配制 100mg · L^{-1} Fe^{3+} 标准溶液 100mL。由计算得知应准确称量 10mg 纯金属铁，但在一般分析天平上无法称准，因称量太少，相对误差大。一般采用先配成储备溶液，再稀释至所要求的浓度。可在分析天平上准确称取高纯(w = 0.9999)金属铁 1.000g，称量的器皿可用铝铲或小烧杯，然后在小烧杯中加入约 30mL 浓盐酸使之溶解，定量转入 1L 容量瓶中，用 1mol · L^{-1} 盐酸溶液稀释至刻度，摇匀，此 Fe^{3+} 标准溶液浓度为 1.0g · L^{-1}。准确移取此标准溶液 10.0mL 于 100mL 容量瓶中，用 1mol · L^{-1} 盐酸溶液稀释至刻度，摇匀，此 Fe^{3+} 标准溶液的浓度为 100mg · L^{-1}。

仪器分析中一般采用纯金属或一级标准物质先配成适当浓度的储备溶液，再稀释十倍得到所需的标准溶液。由储备溶液配制成标准溶液时，原则上只稀释一次，必要时可稀释两次。稀释次数太多则积累误差太大，将影响分析结果的准确度。

ii. 标定法：在无法直接配制标准溶液时，可先近似地配制成适当浓度的溶液，然后选择一级标准物质进行标定。例如，配制约 0.1mol · L^{-1} 的 HCl 溶液，先用量筒量取约 10mL 浓盐酸，转入 1L 试剂瓶中加入约 1L 蒸馏水，摇匀。再用一级标准物质 Na_2CO_2 或 $Na_2B_4O_7 \cdot 10H_2O$ 按规定手续进行标定，得到准确的浓度。

配制近似浓度的溶液时，称量和量取体积的相对误差可允许大一些。称量固体试剂不必也不应当用分析天平，而应用架盘天平；量取溶液或蒸馏水采用量筒或量杯。但在标定溶液浓度的整个过程中，则要求操作严格、准确，称量一级标准物质应当用分析天平；所要标定溶液的体积，凡需参加计算的均要用容量瓶、移液管、滴定管，并需准确记录，计算中保持四位有效数字。

5. 固液分离　在无机物的制备中，经常要用到蒸发(浓缩)、结晶(重结晶)、溶液与结晶(沉淀)的分离(过滤、离心分离)、洗涤和干燥等一系列的操作，必须熟练掌握。现分述如下：

(1) 蒸发(浓缩)：当溶液很稀而所制备的无机物的溶解度又较大时，为了能从中析出该物质的晶体，我们必须通过加热，使水分不断蒸发，使溶液不断浓缩。蒸发到一定程度时冷却，就可析出晶体。当物质的溶解度较大时，我们必须蒸发到溶液表面出现晶膜时才停止蒸发，当物质的溶解度较小或高温时溶解度较大而室温时溶解度较小时，则不必蒸发到液面出现晶膜就可冷却。蒸发是在蒸发皿中进行的，蒸发皿的面积较大，有利于快速蒸发。蒸发皿中放液体的量不要超过其容量的 2/3，可以随水分的蒸发而逐渐添加。若无机物对热是稳定的，可以用电炉(垫石棉网)直接加热，否则用水浴间接加热。

(2) 结晶(重结晶)：当溶液蒸发到一定浓度后冷却，就从中析出溶质的晶体。析出晶体的颗粒大小与外界条件有关。若溶液浓度高，溶质溶解度小，冷却得快，那么析出的晶体就细小;否则,就得到较大颗粒的结晶。搅拌溶液、磨擦器壁和静置溶液,可得到不同的效果。前者有利于细晶的生成,后者有利于大晶体的生成,特别是加入一小粒晶种时更是这样。从纯度来说,细晶的快速生成有利于制备物的纯度提高,因为它不易裹入母液或别的杂质,而大晶体的慢速生成则不利于纯度的提高。故无机制备中常要求制得的晶体不要粗大。当第一次结晶所得的物质的纯度不合乎要求时,可以重新加尽可能少的蒸馏水溶解、蒸发和结晶,这第二次结晶一般就能达到要求,当然在产量和产率上必然降低一些。

(3) 溶液与结晶(沉淀)的分离,结晶的洗涤。

1) 倾析法:当结晶的颗粒较大或沉淀的比重较大,静置后能沉降至容器的底部时,可用倾析法分离,并洗涤。倾析的操作与转移溶液的操作是同时进行的。洗涤时,可往盛着结晶(沉淀)的容器内加入少量洗涤剂(常用的有蒸馏水、酒精等),充分搅拌后静置、沉降,再倾析出洗涤液。如此重复操作两三遍,即可洗净结晶(沉淀)。

2) 过滤法:过滤是最常用的分离方法之一。当溶液和结晶(沉淀)混合物通过过滤器(如滤纸)时,结晶(沉淀)就留在过滤器上,溶液则通过过滤器而漏入容器中。过液所得溶液为滤液。溶液的温度、黏度,过滤时的压力,过滤器的孔隙大小和沉淀物的状态,都会影响过滤的速度。热的溶液比冷的溶液容易过滤。溶液的黏度愈大,过滤愈慢。减压过滤比在常压下过滤快。过滤器的孔隙要选用合适的,太大时会透过沉淀,太小时则易被沉淀堵塞,使过滤难于进行。沉淀若呈现胶状时,必须先用加热一段时间的办法来破坏它,否则它要透过滤纸。总之,要考虑各方面的因素来选用不同的过滤方法。

常用的三种过滤方法是常压过滤,减压过滤和热过滤,现简单介绍一下前两种过滤:

i. 常压过滤:此法最为简便和常用。滤器为贴有滤纸的漏斗。先把滤纸对折两次(若滤纸为方形,此时应剪成扇形),然后将滤 纸打开成圆锥形(一边为 3 层,一边为 1 层),放入滤斗中。若滤纸与漏斗不密合,应改变滤纸折叠的角度,直到与漏斗密合为止。再把 3 层上沿的外面 2 层撕去一小角,用食指把滤纸按在漏斗内壁上,滤纸的边缘应略低于漏斗边缘 3～5mm。用少量蒸馏水润湿滤纸,赶去滤纸与漏斗壁之间的气泡。这样过滤时,漏斗颈内可充满滤液,即形成“水柱”,滤液以其自身的重量拖引漏斗内液体下漏,可使过滤速度加快。将漏斗放在漏斗架上,下面放接受容器(如烧杯),使漏斗颈下端出口长的一边紧靠容器壁。将要过滤的溶液沿玻璃棒慢慢倾入漏斗中,玻璃棒下端对着 3 层滤纸处,先转移溶液,后转移沉淀。每次转移量不能超过滤纸容量的 2/3 。然后用少量洗涤液(蒸馏水)淋洗盛放沉淀的容器和玻璃棒,将洗涤液倾入漏斗中。如此反复淋洗几次,直至沉淀全部转移至漏斗中。若需要洗涤沉淀,可用洗瓶缓慢地使细小的洗涤液沿漏斗壁从滤纸上部螺旋向下淋洗,绝对不能快速浇在沉淀上,待洗涤液流完,再进行下一次洗涤。重复操作 2～3 次,即可洗去杂质。

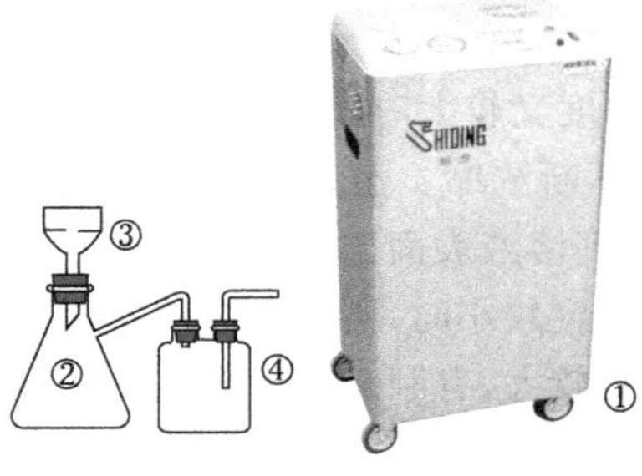

图 1-20　减压过滤装置

①循环水式真空泵;②吸滤瓶;③布氏漏斗;④安全瓶

ii. 减压过滤:减压可以加速过滤,也可以把沉淀抽吸得比较干燥,但不适用于胶状沉淀和颗粒太小的沉淀的过滤。减压过滤装置,如图 1-20 所示,由布氏漏斗、吸滤瓶、安全瓶和循环水式真空泵组成。其原理是利用真空泵将吸滤瓶中的空气抽出,使其减压,造成布氏漏斗的液面与瓶内形成压力差,从而提高过滤速度。在真空泵和吸滤瓶之间安装一个安全瓶以防止倒吸。过滤完毕时，应先拔掉吸滤瓶上的橡皮管，然后关真空泵。过滤前，先将滤纸剪成直径略小于布氏漏斗内径的圆形，平铺在布氏漏斗瓷板上，用少量蒸馏水润湿滤纸，慢慢抽吸，使滤纸紧贴在漏斗的瓷板上，然后进行过滤(布氏漏斗的颈口应与吸滤瓶的支管相对，便于吸滤)。溶液和沉淀的转移与常压过滤的操作相似。洗涤沉淀时，应停止抽滤，加入少量洗涤液(蒸馏水)，让其缓缓地通过沉淀物进入吸滤瓶。最后，将沉淀抽吸干燥。如沉淀需洗涤多次，则重复以上操作，直至达到要求为止。

图 1-21　手摇离心机

3）离心分离法：当被分离的沉淀的量很少时，使用一般方法过滤后，沉淀会粘在滤纸上，难以取下，这时可以应用离心分离。实验常用手摇离心机(图 1-21)和电动离心机(图 1-22)两种。把要分离的混合物放在离心管中，再把离心管装入离心机的套管内，在对面的套管内侧放一盛有与其等体积水的离心管。使离心机旋转一阶段后，让其自然停止旋转。通过离心作用，沉淀就紧密地聚集在离心管底部而溶液在上部。用滴管将溶液吸出。如需洗涤，可往沉淀中加少量溶剂，充分搅拌后再离心分离。重复操作两三遍即可。

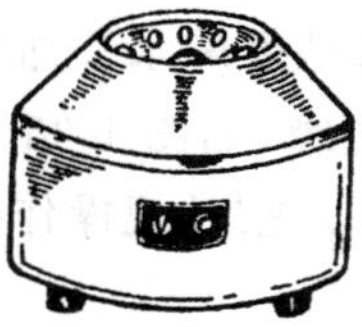
图 1-22　电动离心机

(4) 固体的干燥：如果分离出来的沉淀对热是稳定的，需要干燥时，可把沉淀放在表面皿上于干燥箱中烘干。也可以把沉淀放在蒸发皿内，用水浴或红外烤箱加热烘干。

有些带结晶水的晶体，不能烘烤，可以用有机溶剂洗一下后晾干；有些易吸水潮解或需要长时间保持干燥的固体，应放在干燥器内。

八、滴定分析器皿与基本操作

1. 量筒的使用　根据不同的需要，量筒的容量有 10、100、1000mL 等，实验中可根据所取溶液容量的不同来选用。量取液体时，使视线与量筒内液面的弯月形最低处保持水平，如图 1-23 所示，偏高或偏低都会造成较大的误差。

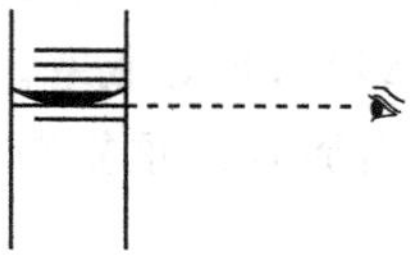
图 1-23　视线与度量的关系图

2. 移液管的使用　要求准确地移取一定体积的液体时，可以使用移液管，如图 1-24 所示。移液管是中间有一球部的玻璃管，玻璃管下部有一拉尖的出口，上部为一直径均匀的玻璃管，刻有一根标线。当抽吸溶液至其弯月面与标线相切后，让溶液自然放出，此时所放出的溶液体积即等于管上所标的体积，一般常用的有 25、10mL。在让溶液自然放出时，最后因毛细作用总有一小部分溶液留在管口不能落下，不必用力使之放出(因为在标定移液管时就没有把这一点溶液放出)，把尖嘴靠在容器壁上，稍待片刻方可拿开。另一种带有分度的移液管，如 10、5、1mL 等，可用于量取非整数的小体积溶液。这种移液管也称为吸量管。使用前，依次用洗液、自来水、蒸馏水洗至内壁不挂水珠为止。最后用少量被量取的液体润洗三遍。

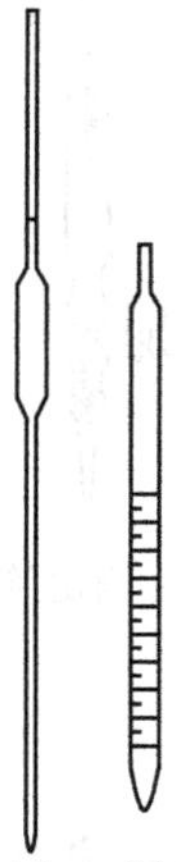

图 1-24　移液管

用移液管吸取溶液时，右手拇指及中指拿住上端标线以上部位，左手拿洗耳球，使移液管伸入容器中，移液管下端伸入液面下 1cm。不应伸入太

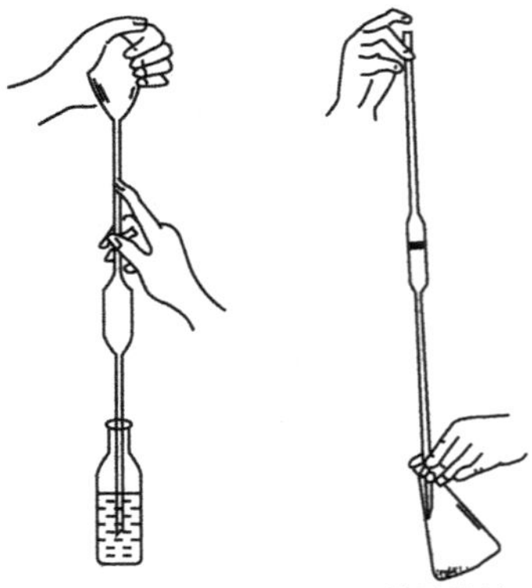

洗耳球吸取溶液　　放液体法

图 1-25　移液管吸液及放液方法

多，以免外壁粘有溶液过多；也不应伸入太少，以免液面下降时吸入空气。这时，用洗耳球轻轻吸取溶液，眼睛注意管中液面上升，移液管则随容器中溶液的液面下降而下伸，当液体上升到刻度标线以上时，迅速用食指堵住管口。将移液管从液体内取出，靠在此容器壁上，然后稍微放松食指，同时轻轻转动移液管，使标线以上的液体流回去。当液面的弯月形最低点与标线相切时，就按紧管口，使液体不再流出。取出移液管移入准备接受溶液的容器中，仍使其出口尖端接触器壁，让接受容器倾斜而移液管直立。抬起食指，使溶液自由地顺壁流下。如图 1-25 所示，待溶液全部流尽后，约等待 15 秒钟后，取出移液管。

3. 容量瓶的使用　容量瓶是一个细颈梨形的平底瓶，带有磨口塞子。颈上有标线，表示在所指温度（一般为 20℃）下，当液体充满到标线时，液体体积恰好与瓶上所注明的体积相等。容量瓶是用来配制一定体积溶液用的；配好的溶液如果需要保存，应该转移到细口瓶中去。容量瓶在洗涤前应先检查一下瓶塞是否漏水。瓶中放入自来水，放到标线附近，盖好盖后，左手按住塞子，右手指尖按住瓶底边缘，如图 1-26 所示，把瓶子倒立 2 分钟。观察瓶塞有无漏水现象，不漏水的容量瓶才能使用。按常规操作把容量瓶洗净。为了避免打破塞子，应该用一根线绳把塞子系在瓶颈上。

在配制溶液前，应先把称好的固体试样溶解在烧杯中，然后再把溶液从烧杯中转移到容量瓶中去，如图 1-27 所示。多次洗涤烧杯，把洗涤液也转移入容量瓶中，以保证溶质之全部转移。缓慢地加入蒸馏水，加到接近标线 1cm 处，等 1～2 分钟，使黏附在瓶颈上的水流下。然后用洗瓶或滴管滴加水至标线（小心操作，勿过标线）。加水时，视线平视标线。水充满到标线后，盖好瓶塞。将容量瓶倒转，使气泡上升到顶，此时振荡瓶子。再倒转过来，仍使气泡上升到顶。重复操作多次，就能使瓶中溶液混合均匀，如图 1-28 所示。

图 1-26　容量瓶的拿法

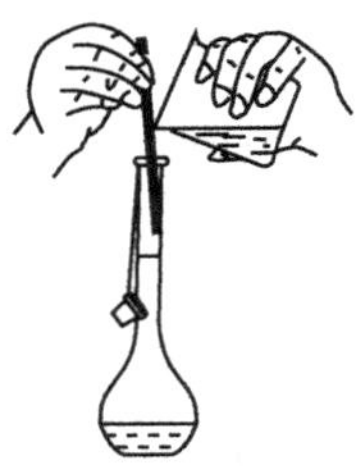

图 1-27　溶液从烧杯转移入容量瓶

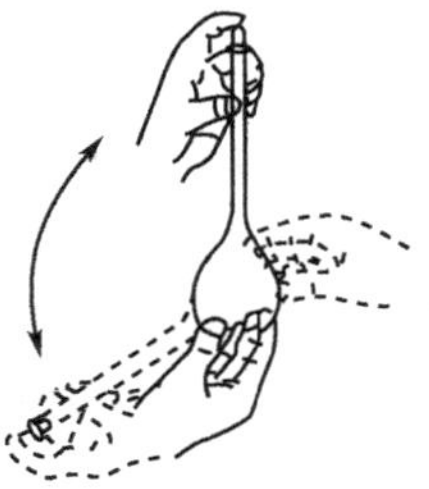

图 1-28　振荡容量瓶

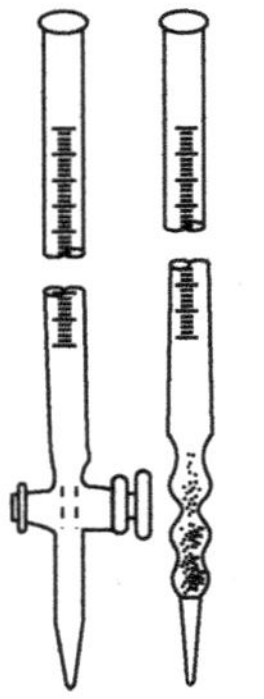

图 1-29　滴定管

假如固体是经过加热溶解的，那么溶液必须冷却后才能转移入容量瓶。

假如要把浓溶液稀释，则用移液管吸取一定体积的浓溶液放入容量瓶中，然后按上述方法冲稀至标线。

4. 滴定管的使用 滴定管主要用于定量分析，有时也能用于精确加液。滴定管分酸式滴定管和碱式滴定管两种，如图 1-29 所示，前者可盛放除碱性以及对玻璃有腐蚀作用的溶液以外的溶液，后者则盛放碱液。酸式滴定管下部有一个玻璃活塞，用以控制滴定时的液滴。碱式滴定管下端用橡皮管连接一个一端有尖嘴的小玻璃管。橡皮管内装一个玻璃圆球，用以堵住溶液。使用时只要用拇指和食指轻轻往一边挤压玻璃球外面的橡皮管，使管内形成一条隙缝，溶液即可滴出。滴定管在洗涤前也应检查是否漏水，活塞是否转动灵活。若酸式滴定管漏水或活塞转动不灵活，就应拆下活塞，擦干活塞和内壁后，重新涂凡士林油；若碱式滴定管漏水则需要更换玻璃球或橡皮管。

(1) 活塞涂油方法：要把滴定管平放桌面上，先取下套在活塞上的小橡皮圈，然后取下活塞，如图 1-30 所示。用干布擦干，再把干布卷成小卷，以其尖端通入活塞槽，来回拉扯布卷以擦干槽的内壁，用手指粘少量凡士林涂在活塞两边，沿圆周各涂一薄层，尤其在孔的近旁，不能涂多，如图 1-31 所示。涂完以后将活塞一直插入槽内，插时活塞孔应与滴定管平行，如图 1-32 所示。然后向同一方向转动活塞，直到从外面观察，全部都透明为止，如图 1-33 所示。若发现仍转动不灵活，或出现纹路，表示涂油不够，如果有油从活塞缝隙溢出或挤入活塞孔，表示涂油太多。遇到这些情况，都必须重新涂油。

图 1-30 取出活塞

图 1-31 涂油手法

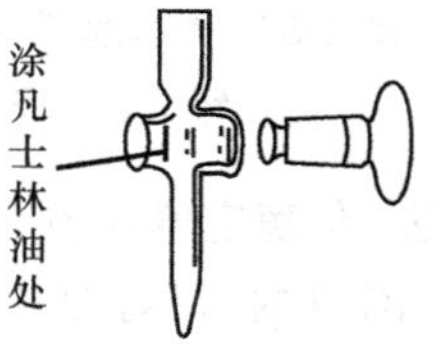

图 1-32 活塞安装

图 1-33 转动活塞

(2) 清除活塞孔或出口管孔中凡士林的方法：如果是活塞孔堵住，比较容易清除，取下活塞，用细铜丝捅出即可。如果是出口管孔堵塞，则将水充满全管，将出口管浸在热水中。温热片刻后打开活塞，使管内水突然冲下，即把熔化的油带出。如此法未能奏效，则用四氯化碳浸溶。若各种方法都失败时，只好取下活塞，用一根细软的铜丝自下而上从出口管口捅上去，用力要轻，以免损坏管口。然后再拉下来，多次反复就能清除堵塞的凡士林油。

(3) 滴定管的洗涤：滴定管在使用前必须洗净。无明显油污的滴定管，可直接用自来水冲洗。若有油污，用肥皂或洗衣粉溶液浸泡。若油污不易洗净时，则用铬酸洗液洗涤。每次倒入 10～15mL 于滴定管中，两手平端滴定管，并不停转动，使洗液布满全管。若油污严重，可倒入事先温热的洗液浸泡一段时间，然后打开旋塞，将洗液倒回原瓶，再用自来水充分洗涤，最后用蒸馏水荡洗几次。洗净后的滴定管，内壁应完全被水润湿，管内溶液放出后不应有挂珠现象。碱式滴定管的洗涤方法同上，但要记住，铬酸洗液不能直接接触橡皮管，否则胶管变硬损坏。为此可将滴定管的胶管连同尖嘴部分一起拔下，滴定管下端套上一个滴瓶乳胶头，然后装入洗液洗涤。洗涤滴定管时要注意，不可用去污粉刷洗，以免划伤内壁，影响体积的准确度；另外，铬酸洗液对人体有害，在可能的情况下，应尽量少用。

(4) 出口管中气泡的清除：当滴定溶液装入滴定管时，出口管还没有充满溶液。此时将酸式滴定管倾斜约 30°角，左手迅速打开活塞使溶液冲出，就能充满全部出口管。假如使用碱式滴定管，则把橡皮管向上弯曲，出口斜向上方。用两指挤压玻璃球稍上边的橡皮管，使溶液从出口管喷出，气泡就随之逸出，如图 1-34 所示。继续一边挤橡皮管，一边放直橡皮管，气泡就可完全除去。

(5) 滴定管操作法：将滴定管夹在滴定管夹子上，必须保持垂直，否则读数不准。通常夹在右边，活塞柄向右，左手从滴定管后向右伸出，拇指在滴定管前，食指及中指在管后，三指平行地轻轻拿住活塞柄，无名指及小指向手心弯曲，食指及中指由下向上各顶住活塞柄一端，拇指移向活塞柄靠身体的一端(与中指在一端)，拇指向下按，食指向上顶，使活塞轻轻转动。在需要活塞按顺时针方向转动时，拇指移向与食指在一端，拇指向下按，中间指向上顶，使活塞轻轻转动。转动时，中指和食指不要伸直，应该微微弯曲，轻轻向里扣住，既易操作又可防止活塞顶出，如图 1-35 所示，是酸式滴定管的使用方法。要学会控制溶液流速的三种方法——连续式滴加、间隙式滴加以及液滴悬而不落。碱式滴定管的使用方法，如图 1-36 所示，酸式滴定管的使用方法，如图 1-37 所示，在前面各处都已提及，不再重复。

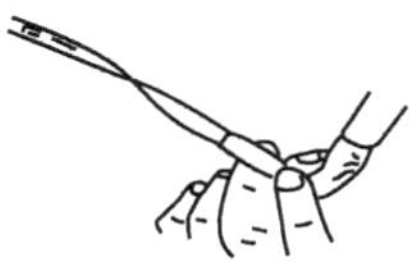

图 1-34 碱式滴定管除气泡方法

图 1-35 酸式滴定管左手旋转活塞方法

图 1-36 碱式滴定管操作

图 1-37 酸式滴定管操作

(6) 滴定管读数方法：在滴定管中充满溶液到刻度“0”以上，慢慢打开滴定管使液面慢慢下降到 0～1.00mL 范围以内，最好是恰好在“0”。使用时，每次都要从上端开始，这样可以消除因上下刻度不均所引起的误差。读数前，必须等 1～2 分钟，使附着在内壁上的溶液流下来。读数时，视线应与液面水平。读数应该读到小数点后二位，如 20.93mL 等。溶液颜色太深时，将看不到液面的下缘，这时只能读液面最高点。为了协助读数，可在滴定管后面衬一读数卡。读数卡可利用一张黑纸或涂有黑色的长方形(约 3cm×1.5cm)白纸。读数时手持读数卡放在滴定管背后，使黑色部分在弯月面下约 1mm 左右，即可看到弯月面的反射层成为黑色，如图 1-38 所示。读此黑色弯月面下缘的最低点。

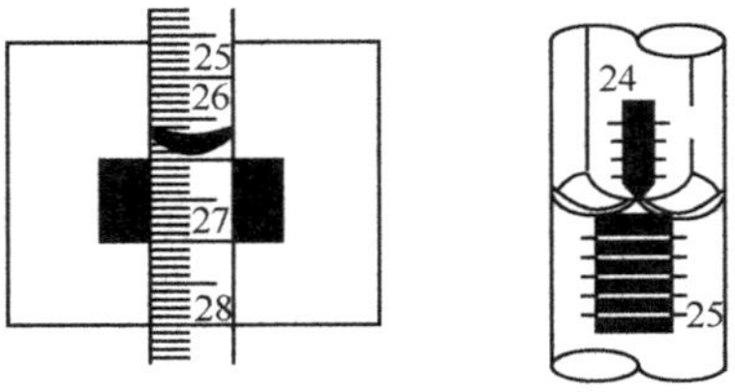

图 1-38 滴定管读数

有的滴定管壁带有白底蓝线，则按蓝线的最尖部分与分度线上缘相重合的一点进行读数。滴定后的读数为终读数，它与初读数之差，即为滴定消耗的溶液体积。读数应读至小数点后二位。

(西安交通大学 刘养浩)

九、实验记录及实验报告书写

1. 实验记录 实验课可以加深学生对理论知识的理解，培养学生良好的观察、记录和思考的学习习惯，科学严谨的工作态度以及分析和解决实际问题的能力，为今后从事科学研究打下坚实的基础。而实验报告则是学生实验综合能力的文字体现，是教师对学生实验综合技能评价的依据。

凡事预则立不预则废。实验课前应认真预习，熟悉实验内容，将实验名称、目的、原理和步骤简单扼要地写在实验报告本上。所谓态度决定一切，对待实验的认真态度决定我们从实验课中得到的收获大小。

实验课应准备实验记录本，并应标上页数；实验记录必须用签字笔等不可用橡皮擦除的笔类书写，写错时应划去重写，不得涂改。实验记录中的原始数据是实验报告的核心，是实验报告的最有价值内容。实验记录必须秉承客观性原则，在实验中观察到的现象，得到的结果和数据应及时如实地记在记录本上。不得用纸片做记录，或记录本未带而事后靠记忆记录。原始记录必须客观、全面、清晰。实验数据是我们对仪器呈现的试样的某一物理或化学性质量度的客观反映，因而，实验数据应反映仪器的精确度，它是来自实验测定的有效数字。例如，称量 1g 氢氧化钠须用台秤称量，其质量记录数据可能为 1.0g；而称量 1g 标定盐酸用的一级标准物质无水碳酸钠则须用万分之一天平称量，其质量记录数据可能为 1.0000g。从上述的数据 1.0g 和 1.0000g 中，便可看出称量所用的仪器精确度。语言传递我们的思想，而文字则是语言的记录；实验记录既是记录自己实验结果的数据，又要能被别人看懂。因此必须遵循一次测定一个记录的原则，即使重复测定时得到了完全相同的数据也应重复记录下来，不仅要做到自己知道，而且要让别人也能根据你的实验数据再现你的实验场景。

实验方法、仪器类型、试剂浓度和规格以及实验环境等因素都可能影响实验结果的可靠性，都应记录清楚，以作为总结实验成功经验或查找失败原因的参考依据。不同类别实验记录尽管要求不同，但原则一致，都是越详实越好。因常规实验是按照实验教材的操作程序进行的，故一般只需记录测定数据；综合设计实验和开放性实验赋予了实验者更多的自主权，因而包含有更多的“试验”，因此实验记录必须非常详尽。

处理实验数据时，若发现实验记录值得怀疑，则须重做；在研究性实验中获得的新发现，必须在相同的实验条件下能够重复做出来。

2. 实验报告　实验报告的内容及格式一般为：

实验名称

一、目的和要求

二、原理

三、仪器和试剂

四、操作步骤

五、实验结果(数据记录及处理)

六、讨论

在实验报告中，目的和要求、原理以及操作步骤部分应尽可能简单扼要地叙述。化学性质实验的原理在实验原理一节中可总体上提及，然后在对实验现象的解释中要对该现象的原理进行针对性地、详细地说明。如在《常见离子鉴定与混合离子分析》实验原理中只需表明根据某些离子的共性利用系统分析法将不同离子分组以避免可能存在的干扰，再根据某个离子的个性利用分别分析法的特效试剂将不同离子鉴定。但在对实验现象的解释中应注明每一离子鉴定的原理，特别是化学反应式。书写实验报告时最忌讳整段整段地、原封不动地照抄教材原文。上述实验报告内容必须简洁、凝练，要达到这一效果，实验预习者必须参悟实验内容，并对报告内容进行深度加工和提炼，最后用自己的语言来叙述实验。

实验条件(仪器和试剂等)和实验步骤的关键环节必须记录详尽。实验结果若需进行数据处理时,必须按照有效数字运算法则进行运算并保留适当的位数。图表能清晰而直观地表明实验的结果,故若有必要,则应尽量以图表反映实验的结果。此外,应针对实验结果进行必要的解释和分析,以得出最终的实验结论。实验讨论一般包括对实验异常现象的探讨,对实验课的体会以及改进意见等,实验讨论应有感而发。

附:定量分析实验报告表格格式参考模板

附表-1 HCl 溶液浓度的标定

滴定次数	1	2	3
$V(Na_2CO_3)$(mL)	25.00	25.00	25.00
$V_{终了}$(HCl) (mL)	23.46	23.42	23.43
$V_{开始}$(HCl) (mL)	0.00	0.00	0.00
V (HCl) (mL)	23.46	23.42	23.43
$\overline{V}$(HCl) (mL)		23.44	
c (HCl) (mol·L^{-1})		0.09696	

备注:$m(Na_2CO_3)$=1.2046g

定性分析实验报告表格格式参考模板

附表-2 常见离子的鉴定

鉴定离子	鉴定试剂	现象	结论
NH_4^+	酚酞	酚酞试纸变红	$NH_4^+ + OH^- = NH_3\uparrow + H_2O$
Pb^{2+}	K_2CrO_4;NaOH	黄色沉淀↓;沉淀溶解	$Pb^{2+} + CrO_4^{2-} = PbCrO_4\downarrow$; $PbCrO_4 + 3OH^- = HPbO_2^- + CrO_4^{2-} + H_2O$
Cu^{2+}	亚铁氰化钾	红棕色沉淀↓	$2Cu^{2+} + [Fe(CN)_6]^{4-} = Cu_2[Fe(CN)_6]\downarrow$
Ba^{2+}	K_2CrO_4;NaOH	黄色沉淀↓;沉淀不溶	$Ba^{2+} + CrO_4^{2-} = BaCrO_4\downarrow$ $BaCrO_4 + OH^- \rightarrow (-)$
Fe^{3+}	亚铁氰化钾	蓝色沉淀↓	$4Fe^{3+} + 3[Fe(CN)_6]^{4-} = Fe_4[Fe(CN)_6]_3\downarrow$
Hg^{2+}	KI;过量 KI	橘红色沉淀↓;沉淀溶解	$Hg^{2+} + 2I^- = HgI_2\downarrow$ $HgI_2 + 2I^- = [HgI_4]^2$
Zn^{2+}	硫代乙酰胺;盐酸	白色沉淀↓;沉淀溶解	$Zn^{2+} + S^{2-} = ZnS\downarrow$ $ZnS + 2H^+ = Zn^{2+} + H_2S\uparrow$
PO_4^{3-}	钼酸铵	黄色沉淀↓	$PO_4^{3-} + 3NH_4^+ + 12MoO_4^{2-} + 24H^+ = (NH_4)_3PO_4\cdot 12MoO_3\cdot 6H_2O\downarrow + 6H_2O$
NO_2^-	对氨基苯磺酸和α-萘胺	红色沉淀↓	生成红色的偶氮染料
NO_3^-	$FeSO_4$	棕色环	$6Fe^{2+} + 2NO_3^- + 8H^+ = 6Fe^{3+} + 2NO + 4H_2O$ $FeSO_4 + NO = [Fe(NO)SO_4]$

(西安交通大学 关 放)

第二章　基本实验

实验一　粗食盐的提纯和检验

一、实验目的

1. 掌握精制食盐的原理和方法。
2. 掌握溶解、过滤、蒸发和结晶等基本操作。

二、实验原理

食用盐或化学纯试剂 NaCl 等都是以粗食盐为原料提纯而制得的。粗盐含有的杂质为可溶性和不可溶性两大类。不溶性杂质主要为泥沙、杂草等，可直接用过滤法除法。可溶性杂质主要为 Ca^{2+}、Mg^{2+}、K^{+}、SO_4^{2-}、CO_3^{2-} 等。除去这些可溶性杂质，就必须通过化学法。选用适当的试剂使其转化为一系列沉淀，继而采用过滤法除去。

一般是在粗食盐溶液中加入稍过量的 $BaCl_2$，以除去 SO_4^{2-}。

$$Ba^{2+}+SO_4^{2-}=BaSO_4\downarrow$$

过滤，继而在滤液中加入适量的 NaOH 和 Na_2CO_3 溶液，以除去 Ca^{2+}、Mg^{2+} 及过量的 Ba^{2+}。

$$Ca^{2+}+CO_3^{2-}= CaCO_3\downarrow$$

$$Mg^{2+}+2OH^{-}= Mg(OH)_2\downarrow$$

$$Ba^{2+}+CO_3^{2-}= BaCO_3\downarrow$$

过滤，滴加盐酸以中和溶液中剩余 OH^{-} 及 CO_3^{2-}。蒸发、结晶。在蒸发浓缩和结晶过程中，少量 KCl 等可溶性杂质因含量少，溶解度大而仍然留在母液中而与 NaCl 分离。

三、实验用品

粗食盐，$c(BaCl_2)=1mol\cdot L^{-1}$，$c(HCl)=6mol\cdot L^{-1}$，$c(HAc)=6mol\cdot L^{-1}$，$c(NaOH)=2mol\cdot L^{-1}$，$Na_2CO_3$ 饱和溶液，$(NH_4)_2C_2O_4$ 饱和溶液，镁试剂。

台秤，研钵，烧杯，量筒，普通漏斗，漏斗架，蒸发皿，酒精灯，石棉网，铁架台，铁圈，布氏漏斗，减压泵，试管，滤纸，pH 试纸。

四、实验内容

（一）粗食盐的精制

1. 称量与溶解　用台秤称取 2g 已研碎的粗食盐，放在 50mL 烧杯中，加入 8mL 蒸馏水，将盛有溶液的烧杯置于石棉网上，加热，并用玻璃棒搅拌使其充分溶解。

2. SO_4^{2-} 的除去　继续搅拌，加热至近沸腾，边搅拌，边逐滴加入 $1mol \cdot L^{-1} BaCl_2$ 溶液约 3～4mL 至沉淀完全。继续加热小火保温 5 分钟，使 $BaSO_4$ 沉淀颗粒长大易于过滤。检验 SO_4^{2-} 沉淀是否完全，将烧杯取下，待沉淀沉降后，沿烧杯壁滴入 1～2 滴 $BaCl_2$ 溶液，观察上层清液是否有混浊现象。如有混浊出现，继续滴入 $BaCl_2$ 溶液，直至沉淀完全为止。如无混浊出现，过滤，弃去沉淀，保留清液。

3. Ca^{2+}、Mg^{2+} 及过量 Ba^{2+} 的除去　将滤液加热至沸，加 $2mol \cdot L^{-1} NaOH$ 溶液 1mL，滴加饱和 Na_2CO_3 溶液，直至不再产生沉淀为止，过滤。弃去沉淀，保留滤液。

4. OH^-、CO_3^{2-} 的除去　将滤液加热，搅动，同时滴加 $6mol \cdot L^{-1} HCl$ 溶液，直至溶液呈微酸性(pH3～4)。

5. 蒸发结晶　将上述溶液倒入蒸发皿中，用小火加热蒸发，浓缩溶液至稠状，切不可将溶液蒸干。冷至室温。减压过滤将产品抽干，将抽干产品转移到蒸发皿中，在石棉网上用小火加热烘干，然后将产品冷至室温。加热过程中应用玻棒不断搅拌，以免盐粒飞溅。

6. 计算回收率。

（二）产品纯度检验

取粗食盐、自制精食盐各 1g，分别溶于 5mL 蒸馏水中。先将粗食盐溶液过滤除去泥沙等不溶性杂质。以粗盐清液、自制精盐溶液为待测纯度溶液，检验 SO_4^{2-}、Mg^{2+} 和 Ca^{2+}。

1. SO_4^{2-} 的检验　取上述溶液各 1mL，分别置于两支试管中，各加入 $6mol \cdot L^{-1} HCl$ 溶液约 2 滴和 $1mol \cdot L^{-1} BaCl_2$ 溶液约 2～3 滴，比较两试管中的现象。如有白色沉淀，再加入 $6mol \cdot L^{-1} HCl$ 至溶液呈酸性，沉淀如不溶解，证明有 SO_4^{2-} 存在。

2. Mg^{2+} 的检验　取上述溶液各 1mL，分别置于两支试管中，各加入 $2mol \cdot L^{-1} NaOH$ 溶液 5 滴和镁试剂 2 滴，比较两支试管中的现象。如有天蓝色沉淀，证明有 Mg^{2+} 存在。

3. Ca^{2+} 的检验　取上述溶液各 1mL，分别置于两支试管中，各加入 $6mol \cdot L^{-1} HAc$ 溶液，使溶液呈酸性，再分别加入饱和 $(NH_4)_2C_2O_4$ 溶液数滴，比较两支试管中的现象。若有白色沉淀，证明有 Ca^{2+} 存在。

五、实验指导

1. 滴加饱和 Na_2CO_3 溶液不能过量太多，否则会人为产生大量的氯化钠，影响回收率。

2. 蒸发结晶时，不要用铁钳夹住蒸发皿，而应当用铁钳托住蒸发皿底部；否则会使铁钳上的铁锈溶入食盐中，而使精制食盐显黄色。

3. 镁试剂本身有紫红色，故比较在粗食盐和精制食盐两支试管中加入镁试剂的现象时，可配制一镁试剂蒸馏水空白溶液进行对照。

六、思考题

1. 2g 食盐溶于 8mL 水，所得溶液在室温(20℃)时是否饱和？加水过多或过少对实验有什么影响？

2. 为什么在实验中用毒性很大的 $BaCl_2$ 除 SO_4^{2-}，而不用无毒的 $CaCl_2$？

3. 本实验提纯 NaCl 方案是否可以改变？还可以通过什么方法来提纯 NaCl?

（西安交通大学　李宝平）

实验二　氧化还原反应

一、实验目的

1. 了解物质浓度、溶液酸度改变对电极电势的影响及氧化还原反应的可逆性。
2. 掌握电极电势对氧化还原反应的影响。

二、实验原理

在化学反应过程中，原子或离子的氧化数发生变化的反应称为氧化还原反应，每一个氧化还原反应都可拆成两个半电池反应。所有的可逆氧化还原半电池反应均可表示为：

$$\text{氧化态} + ze^- \rightleftharpoons \text{还原态} \quad (1)$$

半电池反应也称为电极反应，对于式(1)所表示的电极反应，其电极电势为：

$$E(ox/Rod) = E^\theta(Dx/Red) - \frac{0.05916}{n}\lg\frac{[\text{还原态}]}{[\text{氧化态}]} \quad (2)$$

室温下，影响电极电势的主要因素是氧化态和还原态物质的浓度及溶液的酸度。此外，若氧化态物质或还原态物质生成沉淀或配离子，也会引起有关离子浓度的变化，从而造成电对电极电势的改变，最终改变氧化还原反应的平衡状态。

三、实验用品

$c[Pb(NO_3)_2]=0.5mol \cdot L^{-1}$，$c(CuSO_4)=0.5mol \cdot L^{-1}$，$c(ZnSO_4)=0.5mol \cdot L^{-1}$，$c(KI)=0.1mol \cdot L^{-1}$，$c(FeCl_3)=0.1mol \cdot L^{-1}$，$c(KBr)=0.1mol \cdot L^{-1}$，$c(FeSO_4)=0.1mol \cdot L^{-1}$，$c(K_2Cr_2O_7)=1mol \cdot L^{-1}$，$c(H_2SO_4)=1mol \cdot L^{-1}$，$c(NaOH)=6mol \cdot L^{-1}$，$w(NaOH)=0.40$，$c[NH_4Fe(SO_4)_2]=0.1mol \cdot L^{-1}$，$CCl_4$，$w(NH_4F)=0.10$，$c[(NH_4)_2SO_4 \cdot FeSO_4]=0.1mol \cdot L^{-1}$，$c(Na_3AsO_3)=0.1mol \cdot L^{-1}$，$c(I_2)=0.1mol \cdot L^{-1}$，$c(Na_3AsO_4)=0.1mol \cdot L^{-1}$，碘水，溴水，浓氨水，浓盐酸，四氯化碳。

试管，烧杯（50mL×2），pH 计，锌片，铅片，铜片，铁片，碳棒（2 支），盐桥，砂纸，导线。

四、实验内容

（一）电极电势和氧化还原反应

1. 取两支试管，分别加入 $0.5mol \cdot L^{-1}$ $Pb(NO_3)_2$ 溶液和 $0.5mol \cdot L^{-1}$ $CuSO_4$ 溶液各 2mL，各放入一小块表面擦净的锌片，观察锌片表面和溶液颜色有无变化？用表面擦净的铅片代替锌片，将 0.5mol · L^{-1} $Pb(NO_3)_2$ 溶液换成 0.5mol · L^{-1} $ZnSO_4$ 溶液，重复上述实验，观察溶液颜色的变化。根据实验结果，确定 Zn、Pb、Cu 还原性的强弱顺序。

2. 取一支试管，加入 0.1mol · L^{-1} KI 溶液 10 滴和 0.1mol · L^{-1} $FeCl_3$ 溶液 2 滴，摇匀，加入 CCl_4 10 滴，充分振荡，观察 CCl_4 层颜色有无变化。

用 0.1mol · L^{-1}KBr 溶液代替 KI 溶液进行上述实验，反应能否发生？为什么？根据实验结果，定性地比较 Br_2/Br^-、I_2/I^-、Fe^{3+}/Fe^{2+} 三个电对电极电势的高低，并指出哪个物质是最强的氧化剂，哪个是最强的还原剂。

3. 取两支试管分别加入碘水和溴水各 10 滴，再分别加入 0.1mol · L^{-1} $FeSO_4$ 溶液 2 滴，摇匀，再加入 CCl_4 10 滴，充分振荡，观察 CCl_4 层颜色有无变化。

由以上三个实验的结果说明电极电势与氧化还原反应方向的关系。

4. 氧化剂的选择　在含有 KBr 和 KI 的混合溶液中，要使 I^- 氧化为 I_2，又不使 Br^- 氧化，在 $FeCl_3$ 和 $KMnO_4$ 中，选择哪一种能符合要求？

取两支试管，分别加入 1mL 0.1 mol · L^{-1} KI 和 1mL 0.1 mol · L^{-1}KBr 溶液，各加入 1mL 3 mol · L^{-1} H_2SO_4 和 5 滴 CCl_4，然后各加 1 滴 0.01 mol · L^{-1} $KMnO_4$，振荡后观察各试管中 CCl_4 层的变化。

应该选择哪一种氧化剂能符合要求？试解释之。

（二）浓度、酸度和温度对氧化还原反应的影响

1. 浓度对电极电势的影响　在两个小烧杯中分别加入 0.5 mol · L^{-1} $ZnSO_4$ 和 0.5 mol · L^{-1} $CuSO_4$ 溶液各约 30mL。在 $ZnSO_4$ 溶液中插入用导线连接的锌片，在 $CuSO_4$ 溶液中插入用导线连接的铜片。两根导线另一端分别与伏特计的两个接线柱连接，两个小烧杯用盐桥连接。测量电势差。

(1) 在 $CuSO_4$ 溶液中加入浓氨水至沉淀溶解，观察电势差的变化。写出反应式，并从电极电势的角度解释原因。

(2) 在 $ZnSO_4$ 溶液中加入浓氨水至沉淀溶解，观察电势差的变化。写出反应式，并从电极电势的角度解释原因。

2. 浓度对氧化还原反应产物的影响　取两支试管，各加入 1 粒锌粒，然后分别加入 1mL 浓硝酸和 1mL 2 mol · L^{-1} HNO_3溶液。观察现象(反应速率、产物有何不同)，并写出相关的反应方程式。

3. 酸度对氧化还原反应的影响　取两支试管，各加入 2mL 0.1 mol · L^{-1} KBr 溶液，然后分别加入 1mL 3 mol · L^{-1} H_2SO_4 和 6 mol · L^{-1} HAc，然后各加入 1 滴 0.01 mol · L^{-1} $KMnO_4$ 溶液。观察两个溶液褪色的快慢，解释原因，并写出相关的反应方程式。

4. 酸度对氧化还原反应产物的影响　取三支试管，分别加入 1mL 0.1mol · L^{-1} Na_2SO_3 溶液，在第一支试管中加入 1mL 3mol · $L^{-1}$$H_2SO_4$ 溶液，在第二支试管中加入 1mL H_2O，在第三支试管中加入 1mL 6mol · L^{-1} NaOH 溶液，再向三只试管中各加入 1 滴 0.01mol · L^{-1} $KMnO_4$ 溶液，观察现象。并写出相关的反应方程式。

5. 温度对氧化还原反应的影响　取两支试管，各加入 1mL 0.1mol · L^{-1} $Na_2C_2O_4$、1mL 3mol · L^{-1} H_2SO_4和 1 滴 0.01mol · $L^{-1}$$KMnO_4$ 溶液，摇匀。将其中 1 支试管放入 80℃的水浴中加热，另一支不加热，观察两支试管中紫色褪色的快慢，解释原因，并写出相关

的反应方程式。

6. 催化剂对氧化还原反应的影响 取一支试管加入 5mL 0.2mol · L^{-1} $MnSO_4$溶液和 1mL 3mol · L^{-1} H_2SO_4溶液，充分振荡，再加入一小匙过二硫酸铵固体，充分振荡溶解后分到两支试管中，往一份溶液中加入 1～2 滴 0.1mol · L^{-1} $AgNO_3$，静置片刻，观察溶液颜色有何变化？与没有加入 $AgNO_3$ 溶液的那份溶液比较，现象有何不同？写出反应方程式。

五、实验指导

1. 浓 HNO_3 与 Zn 反应有刺激性气体 NO_2 产生，必须在通风橱进行。

2. 确定锌电极、铅电极、铜电极在电极电势表中的顺序实验，由于置换反应速度较慢，应将试管放置试管架上一段时间，切勿振摇，然后再观察现象。

六、思考题

1. 影响电极电势的因素有哪些？如何影响？

2. 如何利用电极反应(半电池反应)来写氧化还原反应式？

3. 什么情况下用标准电极电势表判断反应方向？什么情况下通过 Nernst 方程计算来判断？

（西安医学院 苗延青）

实验三 配合物的生成和性质

一、实验目的

1. 了解配合物及螯合物的生成及配离子和简单离子的区别。

2. 了解配位平衡与沉淀反应、氧化还原反应和溶液酸度的关系。

二、实验原理

配位化合物是以具有接受电子对的离子或原子为中心，与一组可以提供电子对的离子或分子以一定的空间构型排列在中心原子周围所组成的以配位质点为特征的化合物，配位质点可以是中性分子，也可以是带电荷的离子。

带电荷的配位质点就是配离子，大多数配合物由配离子和带相反电荷的离子组成。配合物是电中性的，因此配离子所带电荷与外界离子所带电荷数量相等，符号相反。

配合物在溶液中存在着配位平衡，当溶液的酸度改变，或给其中加入沉淀剂、氧化剂或还原剂以及其他配位剂时，已有平衡就会被破坏，从而使平衡发生移动。

螯合物是由中心原子与多齿配体形成的环状配合物，由于生成螯合物而使配合物稳定性大大增加的作用称为螯合效应。在绝大多数螯合物中，以五元环的螯合物最为稳定，随着环的增大或减小，稳定性降低。环愈多，螯合物愈稳定。

三、实验用品

$c(CuSO_4)$=0.5mol·L^{-1}、1mol·L^{-1}，c(氨水)=6mol·L^{-1}、2mol·L^{-1}、0.1mol·L^{-1}，$c(HgCl_2)$=0.1mol·L^{-1}，$c(KI)$=0.1mol·L^{-1}，$c(NiSO_4)$=0.1mol·L^{-1}，$c(BaCl_2)$=0.1mol·L^{-1}，$c(NaOH)$=0.1mol·L^{-1}、2mol·L^{-1}，$c(FeCl_3)$=0.1mol·L^{-1}，$c(KSCN)$=0.1mol·L^{-1}，$c(K_3[Fe(CN)_6])$=0.1mol·L^{-1}，$c(CoCl_2)$=1mol·L^{-1}，$c(H_2S)$=0.1mol·L^{-1}，$c(H_2C_2O_4)$=0.1mol·L^{-1}，$c(AgNO_3)$=0.1mol·L^{-1}，$c(NaCl)$=0.1mol·L^{-1}，$c(KBr)$=0.1mol·L^{-1}，$c(Na_2S_2O_3)$=0.5mol·L^{-1}，$c(SnCl_2)$=0.1mol·L^{-1}，$c(NH_4F)$=4mol·L^{-1}，$c(H_2SO_4)$=6mol·L^{-1}，$c[Fe(NCS)_3]$=0.1mol·L^{-1}，$c(EDTA)$=0.1mol·L^{-1}，$c(FeSO_4)$=0.1mol·L^{-1}，$Al_2(SO_4)_3$ 溶液(饱和)，K_2SO_4 溶液(饱和)，w(邻菲罗啉)=0.0025，w(丁二酮肟)=0.01，$CrCl_3\cdot6H_2O$(AR)，无水乙醇(AR)。

试管，点滴板，离心管，离心机，吸管。

四、实验步骤

(一) 配离子的生成和配合物的组成

1. 在试管中加入 0.5 mol·$L^{-1}$$CuSO_4$ 溶液 1mL，再逐滴加入 2mol·L^{-1} 氨水，观察有无沉淀生成，继续滴入过量氨水，边加边摇，观察有无变化？写出反应式。取出 1mL 溶液转移至另一试管，加无水乙醇 1mL，有什么现象？解释之。

2. 在试管中加入 0.1mol·$L^{-1}$$HgCl_2$ 溶液 3～5 滴，逐滴加入 0.1mol·L^{-1}KI 溶液，观察有无红色沉淀生成，再继续滴加少量 KI 溶液，观察沉淀的溶解，写出反应式。

(二) 简单离子与配离子的区别

1. 在两支试管中分别加入 0.1 mol·$L^{-1}$$NiSO_4$ 溶液 0.5mL，再分别逐滴加入 0.1mol·$L^{-1}$$BaCl_2$ 溶液和 0.1mol·L^{-1}NaOH 溶液少量，观察现象，并写出反应式。

取另一支试管，加入 0.1mol·$L^{-1}$$NiSO_4$ 溶液 1mL，逐滴加入 6mol·L^{-1} 氨水，边加边振荡，待生成沉淀完全溶解后，再多加几滴氨水，将此溶液分两份，分别逐滴加入 0.1mol·$L^{-1}$$BaCl_2$ 溶液和 0.1mol·L^{-1}NaOH 溶液，观察现象，写出有关反应式，解释原因。

2. 在一支试管中加入 0.1mol·$L^{-1}$$FeCl_3$ 溶液 10 滴，滴加 0.1mol·L^{-1}KSCN 溶液，观察现象，并写出反应式。

以 0.1mol·L^{-1} $K_3[Fe(CN)_6]$溶液代替 $FeCl_3$ 做同样的试验，观察现象，解释原因。

3. 在离心管中加入 $Al_2(SO_4)_3$ 饱和溶液和 K_2SO_4 饱和溶液各 2mL，不断搅拌并置冷水中冷却，即析出明矾结晶，离心沉降，尽量吸干母液，加入少量水洗涤结晶，将分离出的纯净明矾溶于水中，检查此溶液中是否含有 K^+、Al^{3+}、SO_4^{2-}。

由上述实验结果比较复盐和配合物的区别。

(三) 配位平衡的移动

1. 配位平衡与沉淀溶解平衡的关系

(1) 取两支试管，分别加入 0.1mol · $L^{-1}H_2S$ 溶液和 0.1mol · $L^{-1}H_2C_2O_4$ 溶液各 5 滴，再各加入 1mol · $L^{-1}CuSO_4$ 溶液 1 滴，观察沉淀的生成。分别在两沉淀中滴加 6mol · L^{-1} 氨水，有何现象？根据实验结果，判断 CuS 和 CuC_2O_4 溶度积的大小，并与它们的理论值相比较，写出有关反应式。

(2) 取一支离心管，加入 0.1mol · $L^{-1}AgNO_3$ 溶液 1mL，逐滴加入 0.1mol · L^{-1}NaCl 溶液至不再有沉淀生成，离心分离沉淀和清液，弃去清液，用少量蒸馏水洗涤沉淀。给沉淀中加入 2mol · L^{-1} 氨水至沉淀刚好溶解，加入 0.1 mol · L^{-1}NaCl 溶液 1 滴，有无 AgCl 沉淀生成？再加入 0.1mol · L^{-1}KBr 溶液 1 滴，有无 AgBr 沉淀生成？离心分离，用蒸馏水洗涤沉淀，并逐滴加入 0.5mol · $L^{-1}Na_2S_2O_3$ 溶液，至沉淀刚好溶解。加入 0.1mol · L^{-1}KBr 溶液 1 滴，有无 AgBr 沉淀产生？再加入 0.1mol · L^{-1}KI 溶液 1 滴，有无 AgI 沉淀生成？用平衡移动原理解释以上一系列现象，并比较 $[Ag(NH_3)_2]^+$，$[Ag(S_2O_3)_2]^{3-}$ 稳定性的差别，写出实验中各步反应的离子方程式。

2. 配位平衡与氧化还原反应

(1) 取一支试管加 0.1mol · $L^{-1}HgCl_2$ 溶液 5 滴，再逐滴加入 0.1mol · $L^{-1}SnCl_2$ 溶液，观察沉淀的生成和颜色的变化，写出反应方程式。

(2) 取一支试管加 0.1mol · $L^{-1}HgCl_2$ 溶液 5 滴，逐滴加入 0.1mol · L^{-1}KI 溶液至红色消失，再多加几滴，再逐滴加入 0.1mol · $L^{-1}SnCl_2$ 溶液，与实验(1)现象比较是否相同？为什么？

3. 配位平衡介质的酸碱性　在试管中加入 0.1mol · $L^{-1}FeCl_3$ 溶液 1mL，逐滴加入 4mol · $L^{-1}NH_4F$ 至溶液呈无色。将此溶液分成两份，分别滴加 2mol · L^{-1}NaOH 溶液和 6mol · $L^{-1}H_2SO_4$ 溶液，观察现象，写出反应方程式。

(四) 螯合物的生成

1. 取两支试管，一支加入 0.1mol · $L^{-1}Fe(NCS)_3$ 溶液 10 滴，另一支中加入$[Cu(NH_3)_4]^{2+}$溶液(自行制备)10 滴，分别滴加 0.1mol · L^{-1}EDTA 溶液，各有何现象？说明原因？

2. 在点滴板上滴 0.1mol · $L^{-1}FeSO_4$ 溶液 1 滴和 $w=0.0025$ 的邻菲罗啉溶液 2～3 滴，观察现象。

3. 在点滴板上滴 0.1mol · $L^{-1}NiSO_4$ 溶液、0.1mol · L^{-1} 氨水和 $w=0.01$ 的镍试剂各 1 滴，观察现象。

(五) 配合物的水合异构现象

1. 将少量未潮解的紫色 $CrCl_3 \cdot 6H_2O$ 晶体溶于水中，观察溶液的颜色，将溶液加热，观察颜色有何变化？

2. 在试管中加入 1mol · $L^{-1}CoCl_2$ 溶液约 1mL，观察溶液的颜色，将溶液加热，是否变色？再冷却，有何现象？

五、实验指导

1. $HgCl_2$ 为极毒物质，使用时要注意安全，实验废液回收，不能倒入下水道。

2. HgI_2 有两种晶型，并且可以互相转换，HgI_2（橘红色）$\rightleftharpoons$ HgI_2（黄色），故在实验中有时可能会看到试管壁有黄色沉淀生成。

3. Fe^{2+} 与邻菲罗啉在微酸性溶液中反应，生成橘红色的配离子。Ni^{2+} 与二乙酰二肟（镍试剂）反应生成鲜红色的配合物沉淀。

4. NH_4F 对玻璃有腐蚀作用，一般应储藏在塑料瓶内。

六、思考题

1. 根据实验中所观察到的现象，说明配离子和简单离子的区别以及影响配位平衡的因素有哪些？

2. 配位剂和螯合剂有何区别和联系？

3. SCN^- 和 EDTA 哪个配体对 Fe^{3+} 的配位能力强？若在 Fe^{3+} 溶液中加入 KSCN 溶液，再加入 EDTA 溶液，有何现象？

4. Na_2S 溶液不能使 $K_4[Fe(CN)_6]$溶液产生 FeS 沉淀，而 H_2S 饱和溶液能使铜氨配合物的溶液产生 CuS 沉淀，为什么？

（西安医学院　苗延青）

实验四　解离平衡和沉淀平衡

一、实验目的

1. 掌握电解质解离的特点。
2. 掌握沉淀平衡、同离子效应和溶度积规则的运用。
3. 学习离心分离操作和电动离心机的使用。

二、实验原理

弱酸、弱碱等弱电解质在溶液中存在解离平衡，化学平衡移动规律同样适合这种平衡系统。在弱电解质的溶液中加入含有相同离子的另一强电解质时，会使弱电解质的解离程度减小，称为同离子效应。

难溶电解质在一定温度下，在溶液中存在下列平衡：

$$A_mB_n(s) \rightleftharpoons mA^{n+}(aq) + nB^{m-}(aq)$$

其中平衡常数 $K_{sp}^{\theta}=[A^{n+}]^m\cdot[B^{m-}]^n$ 称为溶度积常数。在此溶液中，反应商丁与溶度积 K_{sp}^{θ} 之间的关系如下：

对于某一给定溶液，当 $J_i=K_{sp}^{\theta}$ 时，为饱和溶液，无新沉淀析出，达到动态平衡；当 $J_i<K_{sp}^{\theta}$ 时，为不饱和溶液，若系统中有 A_mB_n 固体，则会不断溶解；当 $J>K_{sp}^{\theta}$ 时，为过饱和溶液，反应向生成沉淀的方向进行，直至饱和为止。上述规律称为溶度积规则。

逐步向溶液中加入某些试剂，当溶液中有几种离子可能与之发生反应而产生几种沉淀时，J 先达到 K_{sp}^{θ} 的难溶电解质先沉淀，随后，当第二种难溶电解质的 J 达到它的 K_{sp}^{θ} 时，第二种沉淀开始析出。这种先后沉淀的过程称为分步沉淀。

三、实验用品

$c(HCl)=6mol \cdot L^{-1}$，$c(HNO_3)=6mol \cdot L^{-1}$，$c(NH_3 \cdot H_2O)=6mol \cdot L^{-1}$、$0.2mol \cdot L^{-1}$，$(NH_4)_2C_2O_4$（饱和），$c(NaCl)=0.1mol \cdot L^{-1}$，$c[Pb(NO_3)_2]=0.1mol \cdot L^{-1}$、$0.001mol \cdot L^{-1}$，$c(KI)=0.1mol \cdot L^{-1}$、$0.001mol \cdot L^{-1}$，$c(K_2CrO_4)=0.5mol \cdot L^{-1}$、$0.05mol \cdot L^{-1}$，$c(AgNO_3)=0.1mol \cdot L^{-1}$，$c(BaCl_2)=0.5mol \cdot L^{-1}$，$c(H_2S)=1mol \cdot L^{-1}$，$c(Na_2S)=1mol \cdot L^{-1}$、$0.1mol \cdot L^{-1}$，$c(HAc)=0.2mol \cdot L^{-1}$，$c(NaAc)=0.2mol \cdot L^{-1}$，$c(NaOH)=2mol \cdot L^{-1}$，$\rho$(酚酞)$=1g \cdot L^{-1}$，$\rho$(甲基橙)$=1g \cdot L^{-1}$，$PbI_2$（饱和），$Na_2SO_4$（饱和），$NH_4Cl$(AR)。

试管，离心试管，烧杯，离心机。

四、实验内容

（一）同离子效应和解离平衡

1. 取两支试管，给第一支试管中加入 $0.2\ mol \cdot L^{-1}$ HAc 溶液 1mL 和蒸馏水 1mL，给第二支试管中加入 $0.2\ mol \cdot L^{-1}$ HAc 和 NaAc 溶液各 1mL，再给两支试管中分别加入甲基橙试液 1 滴，观察溶液的颜色，分别计算两种溶液的 pH，解释上述现象。

2. 取两支试管，于第一支试管中加入 $0.2\ mol \cdot L^{-1}$ 氨水 1mL、蒸馏水 1mL，于第二支试管中加入 $0.2mol \cdot L^{-1}$ 氨水和 NH_4Cl 溶液各 1mL，再给两支试管中分别加入酚酞试液 1 滴，观察溶液的颜色，给第一支试管中加入少量 NH_4Cl 固体，观察溶液颜色的变化。分别计算两种溶液的 pH，解释上述现象。

3. 取 $0.1\ mol \cdot L^{-1}$ H_2S 溶液注入试管中，检查试管口有没有 H_2S 气体放出（用什么检查），向试管中滴加 $2mol \cdot L^{-1}$ NaOH 溶液使呈碱性，检查有没有 H_2S 逸出？再向试管中滴加 $6\ mol \cdot L^{-1}$ HCl 使呈酸性，有没有 H_2S 气体产生？解释这些现象。

根据上述三个实验，讨论解离平衡的移动规律。

（二）沉淀平衡和同离子效应

1. 沉淀平衡　在离心试管中加入 $0.1mol \cdot L^{-1}$ $Pb(NO_3)_2$ 溶液 10 滴，再加 $1mol \cdot L^{-1}$ NaCl 溶液 5 滴，振摇，待沉淀完全后，离心分离，在上清液中加入 $0.5\ mol \cdot L^{-1}$ K_2CrO_4 溶液少许，有什么现象？解释此现象。

2. 同离子效应　在试管中加入饱和 PbI_2 溶液 1mL，再加 $0.1\ mol \cdot L^{-1}$ KI 溶液 5 滴，振荡试管，观察有何现象？为什么？

（三）溶度积规则的应用

1. 在试管中加入 $0.1\ mol \cdot L^{-1}Pb(NO_3)_2$ 溶液和 $0.1\ mol \cdot L^{-1}$ KI 溶液各 1mL，混匀，观察有无沉淀生成？将 $0.001\ mol \cdot L^{-1}$ $Pb(NO_3)_2$ 溶液和 $0.001\ mol \cdot L^{-1}$ KI 溶液各 1mL 混合，观察现象，试用溶度积规则解释上述现象。

2. 在试管中加入 0.1 mol · L^{-1} NaCl 溶液和 0.05 mol · L^{-1} K_2CrO_4 溶液各 1mL，边振荡试管，边逐滴加入 0.1 mol · L^{-1} $AgNO_3$ 溶液，观察沉淀颜色的变化，试用溶度积规则解释。

（四）沉淀的溶解

1. 在离心试管中加入 5 滴 0.5 mol · L^{-1} $BaCl_2$ 溶液和 3 滴饱和$(NH_4)_2C_2O_4$ 溶液，振荡，离心分离，弃清液，在沉淀物上滴加 6 mol · L^{-1} HCl 溶液，有何现象？写出化学方程式。

2. 取 0.1 mol · L^{-1} $AgNO_3$ 溶液 10 滴，加入 1 mol · L^{-1} NaCl 溶液 3～4 滴，观察现象，再逐滴滴入 6 mol · L^{-1} $NH_3 \cdot H_2O$，有什么现象？写出化学方程式。

3. 取 0.1 mol · L^{-1} $AgNO_3$ 溶液 10 滴，加 1 mol · L^{-1} Na_2S 溶液 3～4 滴，观察现象。离心分离，弃去清液，在沉淀物上加入 6 mol · L^{-1} HNO_3 溶液少许，加热，有何现象？写出化学方程式。

根据上述实验，小结沉淀溶解的条件。

（五）沉淀的转化

在离心试管中，加入 0.1 mol · L^{-1} $Pb(NO_3)_2$ 溶液 5 滴，再加 1mol · L^{-1} NaCl 溶液 3 滴，振荡，待沉淀完全后，离心分离，用 0.5mL 蒸馏水洗涤沉淀一次，在沉淀中加入 0.1 mol · L^{-1} KI 溶液 3 滴，观察沉淀颜色的变化。按上述操作依次滴入饱和 Na_2SO_4 溶液、0.5 mol · L^{-1} K_2CrO_4 溶液、1mol · L^{-1} Na_2S 溶液各 5 滴，每加入一种溶液，待反应完全后，观察沉淀颜色的变化。试用物质溶解度数据解释上述现象，并小结沉淀转化的条件。

五、实验指导

1. 使用离心机时，应注意安全。
2. 离心管应调节重量一致后再对称地放置在离心机中。

六、思考题

1. 使用 pH 试纸测定溶液的 pH 时，应如何操作？
2. 过滤或离心分离后，为使沉淀更加纯净，一般需用适当溶剂进行洗涤，如何操作？

（西安交通大学　李健军）

实验五　原电池电动势的测定

一、实验目的

1. 了解测定电极电势的原理和方法。
2. 掌握用 pH 计测定原电池电动势的方法。

二、实验原理

电池是将化学能转变为电能的装置。电极电势是指某电对以标准氢电极为基准而得出

的相对平衡电势。待测电极与标准氢电极(或其他参比电极)组成原电池,其电动势 E 为:

$$E=E_{+}-E_{-} \tag{1}$$

因为标准氢电极或其他参比电极的电势已知,所以通过测定原电池的电动势即可求出待测电极的电势值。

由于标准氢电极的制备条件要求苛刻,给它的使用带来极大不便,所以在实际工作中,一般常采用制备工艺简单,易于复制且电势稳定的电极作参比电极。参比电极种类很多,常用的如饱和甘汞电极(图 2-1)就是其中的一种,它是由 Hg、Hg_2Cl_2(s)及饱和 KCl 溶液组成,其电极反应为:

$$Hg_2Cl_2(s)+2e^- \rightleftharpoons 2Hg(l)+2Cl^- \tag{2}$$

在 25℃时,E^θ=0.2415V,在不同温度下 E= 0.2415−7.6×10^{-4}(t−25)。

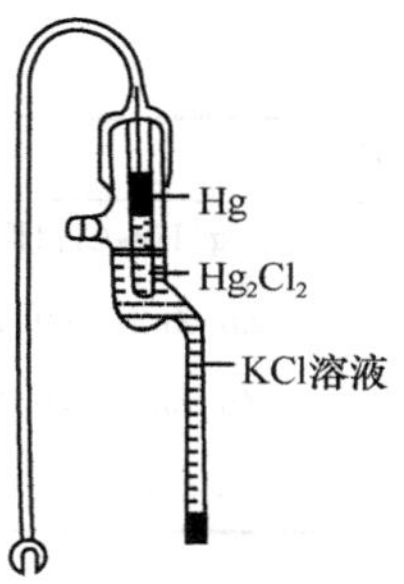

图 2-1 甘汞电极示意图

三、实验用品

$c(ZnSO_4)$=0.100mol · L^{-1},$c(CuSO_4)$=0.100mol · L^{-1},$c(H_2SO_4)$=0.100mol · L^{-1},$c(HNO_4)$=6mol · L^{-1}, KCl(饱和),$Hg_2(NO_3)_2$(饱和)。

烧杯(100、50mL),移液管(25mL),容量瓶(100mL),pH 计,吸耳球,电极铜片,电极锌片,电极管。

四、实验步骤

1. 已知浓度的电解质溶液的配制　准确移取 0.100mol · L^{-1} $CuSO_4$ 溶液 10.00mL 至 100mL 容量瓶中,加蒸馏水稀释至刻度,摇匀,即得浓度为 0.0100 mol · L^{-1} $CuSO_4$ 溶液。

2. 电极的制备　用 6mol · L^{-1} HNO_3 浸洗铜电极,以除去表面上的氧化层,取出后用水洗涤,再用蒸馏水淋洗。用少量配好的 0.0100mol · L^{-1} $CuSO_4$ 溶液冲洗待测电极和电极管,然后将电极插入电极管内塞紧,将电极管的虹吸管口浸入盛有 0.0100mol · L^{-1} $CuSO_4$ 溶液的 100mL 烧杯中,用吸耳球自支管抽气,将溶液吸入至液面高度约为电极管的 2/3 处,停止抽气,拧紧螺旋夹,备用。

同法将 0.100 mol · L^{-1} $CuSO_4$ 溶液吸入电极管中,制得另一铜电极,备用。

用 0.100mol · L^{-1} H_2SO_4 浸洗 Zn 电极除去其表面氧化层,取出后用水洗涤,再用蒸馏水淋洗,然后浸入饱和硝酸亚汞溶液中 3~5 秒钟,使锌电极表面上有一层均匀锌汞齐,取出后用滤纸擦亮其表面,再用蒸馏水洗净(汞有剧毒,用过的滤纸应投入指定的废液缸内)。依照 Cu 电极制法,将 0.100 mol · L^{-1} $ZnSO_4$ 溶液吸入电极管中,制得 Zn 电极,备用。

3. 电池的组合　在 50mL 小烧杯中,加入 KCl 饱和溶液约 40mL,作为盐桥,将盐桥连接铜电极和饱和甘汞电极,组成电池。

4. 电动势的测定　将组合好的电池的两极分别与 pH 计的相应接口相连,测量电池的电动势,结果记录在表 2-1 中。

五、数据记录及处理

表 2-1 不同待测电池的 *E* 值

编号	电池表示式	E /V
1	$Hg\|Hg_2Cl_2\|KCl$(饱和)$\|\|CuSO_4(0.100\ mol \cdot L^{-1})\|Cu$	
2	$Zn\|ZnSO_4(0.100\ mol \cdot L^{-1})\|\|KCl$(饱和)$\|Hg_2Cl_2\|Hg$	
3	$Zn\|ZnSO_4(0.100\ mol \cdot L^{-1})\|\|CuSO_4(0.100\ mol \cdot L^{-1})\|Cu$	
4	$Cu\|CuSO_4(0.0100\ mol \cdot L^{-1})\|\|CuSO_4(0.100\ mol \cdot L^{-1})\|Cu$	

1. 由 1、2 号电池电动势实验值计算 $E(Cu^{2+}/cu)_{Cu^{2+}/Cu}$ 及 $E(Zn^{2+}/zn)$值以及它们的标准电极电势，并与手册中的数据相比较，离子平均活动系数见表 2-2。

2. 分别计算 3、4 号电池的电动势，并与实验测定值比较。计算时，物质的浓度用其活度表示：

$$a_{Zn^{2+}} = \gamma_{\pm} \cdot c_{Zn^{2+}}$$

$$a_{Cu^{2+}} = \gamma_{\pm} \cdot c_{Cu^{2+}}$$

表 2-2 离子平均活度系数 $\gamma_{\pm}$（25℃）

电解质＼浓度	0.1000	0.01000
$CuSO_4$	0.16	0.40
$ZnSO_4$	0.15	0.337

六、实 验 指 导

1. 盐桥的制作　把琼脂 0.2g 放入 KCl 饱和溶液 100mL 中，小火加热使全部溶解，用滴管转移至 U 形管中，放入冷水中冷却后即可使用。注意在转移过程中不能有气泡进入。盐桥长时间不用时，应浸泡在饱和 KCl 溶液中保存。

2. 电极必须经过仔细的处理，否则数值相差较大，且无法重复。处理好的关键是电极表面必须清洁，且要求处处均匀一致。

3. 电极汞齐化的目的是为了消除金属表面机械应力不同的影响，使它获得重现性较好的电极电势。

4. 每组电池在测定前都应静置 10～15 分钟，待电极与溶液达成平衡后，才能测得稳定的数值，如果碰到或搅动了，要重新静置。

5. 原电池电动势的精确测量常用电位差计或酸度计的 mV 部分，而不用一般的伏特计。这是为了使电池反应在接近热力学可逆条件下进行。由于电位差计的高阻抗，使测量回路中通过的电流极小，原电池的内压降近似为零，所测得的电势差可近似地作为原电池的电动势。

七、思 考 题

1. 氧化剂和还原剂是否一定要相互接触才能反应?
2. 盐桥的作用是什么? 能否不用盐桥?
3. 影响电极电势的因素有哪些?
4. 原电池与电解池有何区别?

(西安交通大学 许 昭)

实验六 化学反应速率和活化能的测定

一、实验目的

1. 了解浓度、温度和催化剂对化学反应速率的影响。
2. 掌握化学反应的反应级数和反应速率常数测定的原理和方法。
3. 掌握测定化学反应活化能的原理和方法。

二、实验原理

在水溶液中,$S_2O_8^{2-}$ 与 I^- 发生如下反应:

$$S_2O_8^{2-}+3I^-=2SO_4^{2-}+I_3^- \qquad (1)$$

上述反应的速率方程可表示为:

$$\nu=\frac{\Delta c(S_2O_8^{2-})}{\Delta t}=k\cdot c^a(S_2O_8^{2-})\cdot c^b(I^-) \qquad (2)$$

为能测出一定时间(Δt)内 $S_2O_8^{2-}$ 浓度变化量,在混合$(NH_4)_2S_2O_8$ 和 KI 溶液时,同时加入一定体积已知浓度的 $Na_2S_2O_3$ 和淀粉溶液,这样在反应(1)进行的同时,也进行如下反应:

$$2S_2O_3^{2-}+I_3^-=S_4O_6^{2-}+3I^- \qquad (3)$$

反应(3)进行得非常快,几乎瞬间完成,而反应(1)却是个慢反应。由反应(1)生成的 I_3^- 立即与 $S_2O_3^{2-}$ 作用,生成无色的 $S_4O_6^{2-}$ 和 I^-,因此,在反应开始一段时间内,观察不到 I_2 与淀粉作用所产生的蓝色。但是当 $S_2O_3^{2-}$ 耗尽时,反应(1)继续生成的 I_3^- 就会立即与淀粉作用,使溶液呈现蓝色。

溶液出现蓝色,表明 $S_2O_3^{2-}$ 耗尽,所以 $S_2O_8^{2-}$ 浓度的变化值实际上就是反应开始时 $S_2O_3^{2-}$ 的浓度的一半。实验中,每份混合液中 $S_2O_3^{2-}$ 的起始浓度都是相同的,因而 $\Delta c(S_2O_8^{2-})$也都是相同的。只要记下从反应开始到溶液出现蓝色所需的时间 Δt,就可以利用(2)式,求出反应速率,进一步可得到反应速率常数 k 和反应级数 a、b。

三、实验用品

$c[(NH_4)_2S_2O_8]=0.20mol\cdot L^{-1}$,$c(Na_2S_2O_3)=0.010mol\cdot L^{-1}$,$c(KI)=0.20mol\cdot$

L^{-1}，ρ(淀粉)＝2.0g · L^{-1}，c (KNO_3)＝0.20mol · L^{-1}，$c[(NH_4)_2SO_4]$＝0.20mol · L^{-1}，$c[Cu(NO_3)_2]$＝0.20mol · L^{-1}。

秒表，温度计(0～100℃)，烧杯(500、150mL)，量筒(20mL)，试管，玻璃棒，酒精灯，三角架，石棉网。

四、实验内容

1. 浓度对化学反应速率的影响　室温下，用量筒分别量取 0.20mol · L^{-1}KI 溶液 20.0mL，2.0g · L^{-1} 淀粉溶液 4.0mL，0.010 mol · $L^{-1}$$Na_2S_2O_3$ 溶液 8.0mL，倒入 150mL 烧杯中，混匀，再量取 0.20 mol · L^{-1} 的$(NH_4)_2S_2O_8$ 溶液 20.0mL，迅速倒入烧杯中，同时按动秒表，不断搅拌，仔细观察溶液颜色的变化，当溶液刚出现蓝色时，立即按停秒表，记录反应时间和室温。用上述方法，参照表 2-3 中各试剂的取量进行另外四次实验。

计算编号为 1～5 实验中参加反应的主要试剂的起始浓度，反应速率及反应速率常数，并填入表 2-3 中。

表 2-3　浓度对反应速率的影响

实验编号	试剂用量/mL						试剂起始浓度/mol · L^{-1}			Δt/s	v
	$(NH_4)_2S_2O_8$	KI	$Na_2S_2O_3$	淀粉	KNO_3	$(NH_4)_2SO_4$	$(NH_4)_2S_2O_8$	KI	$Na_2S_2O_3$		
Ⅰ	20.0	20.0	8.0	4.0	0	0					
Ⅱ	10.0	20.0	8.0	4.0	0	10.0					
Ⅲ	5.0	20.0	8.0	4.0	0	15.0					
Ⅳ	20.0	10.0	8.0	4.0	10.0	0					
Ⅴ	20.0	5.0	8.0	4.0	15.0	0					

2. 温度对反应速率的影响　按表 2-3 实验Ⅳ中的用量，把 KI、$Na_2S_2O_3$、KNO_3 和淀粉溶液加到 150mL 烧杯中，把$(NH_4)_2S_2O_8$ 溶液加到另一个烧杯中，同时将它们放入冰水浴中冷却，待试液的温度降到低于室温 10℃时，将$(NH_4)_2S_2O_8$ 溶液迅速加到 KI 等混合溶液中，同时计时，并不断搅拌，至溶液刚出现蓝色，按停秒表，记录反应时间及温度。

利用热水浴在高于室温 10℃条件下，重复上述实验，记录反应时间。

将此二次实验数据和实验Ⅳ的数据记入表 2-4，进行比较并得出结论。

表 2-4　温度对反应速率的影响

反应温度 T/℃	T_0-10	T_0	T_0+10
反应时间 Δt/s			
反应速率 v			

3. 催化剂对反应速率的影响　按表 2-3 实验Ⅳ中的用量，把 KI、$Na_2S_2O_3$、KNO_3 和淀粉溶液加到 150mL 烧杯中，再加入 0.20 mol · $L^{-1}$$Cu(NO_3)_2$ 溶液 1 滴，搅匀，然后迅速加入$(NH_4)_2S_2O_8$ 溶液 20.0mL，同时计时，不断搅拌，至溶液刚出现蓝色，按停秒表，记录反应时间。将 $Cu(NO_3)_2$ 溶液 1 滴改为 3 滴，重复上述实验，记录反应时间。将此二次实验数据和实验Ⅳ的数据记入表 2-5，进行比较并得出结论。

表 2-5 催化剂对反应速率影响

加入 $Cu(NO_3)_2$ 滴数	0	1	3
反应时间 Δt/s			
反应速率 v			

五、数据处理

1. 反应级数和反应速率常数的计算 将速率方程 $v = k\,c^a(S_2O_8^{2-})\cdot c^b(I^-)$ 两边取对数，得

$$\lg v = a\lg c(S_2O_8^{2-}) + b\lg c(I^-) + \lg k$$

当 $c(I^-)$ 不变（即实验Ⅰ、Ⅱ、Ⅲ）时，以 $\lg v$ 对 $\lg c(S_2O_8^{2-})$ 作图，可得一直线，斜率即为 a；同理，当 $c(S_2O_8^{2-})$ 不变（即实验Ⅰ、Ⅳ、Ⅴ）时，以 $\lg v$ 对 $\lg c(I^-)$ 作图，可得一直线，可求得 b，此反应的级数即为 $a+b$。

将 a 和 b 值代入速率方程 $v = k\,c^a(S_2O_8^{2-})\cdot c^b(I^-)$，即可求得反应速率常数 k。

2. 反应活化能的计算 根据 Arrhenius 方程，反应速率常数 k 与温度 T 之间有如下关系：

$$\lg k = \frac{-E_a}{2.303RT} + \lg A$$

其中，E_a 为反应的活化能，R 为气体常数。

只要测出不同温度 T 时的速率常数 k，以 $\lg k$ 对 $1/T$ 作图，可得一直线，由其斜率 $\left(\frac{-E_a}{2.303R}\right)$ 即可求出反应的活化能 E_a（表 2-6）。

表 2-6 不同温度下的 lg *k* 和 1/*T* 的计算值

反应温度/℃	$\lg k$	$1/T$

六、实验指导

1. 做浓度对反应速率影响的试验时，为了使每次试验中溶液的总体积和离子强度保持不变，不足的量分别用 0.20 $mol\cdot L^{-1}$ KNO_3 和 0.20 $mol\cdot L^{-1}$ $(NH_4)_2SO_4$ 来补足。

2. 碘易溶于 KI、HI 或其他碘化物溶液，形成 I_3^- 离子，即 $I^- + I_2 = I_3^-$。

3. 高于室温的温度条件不可选择得过高（不超过 70℃），否则会使溶液蒸发加快，影响活化能的测定。反应过程中，应将反应烧杯一直置于冰水浴或热水浴中。

4. 本实验对各主要试剂要求如下：

(1) KI 溶液应为无色透明溶液，不宜使用有 I_2 析出的浅黄色溶液。

(2) $(NH_4)_2S_2O_8$ 要新鲜配制，且溶液的 pH 不小于 3。

(3) 本实验所用试剂较多，为了避免相互污染，量筒应专用。

(4) 若原试剂中混有少量 Cu^{2+}、Fe^{3+} 等杂质，对反应会有催化作用，可滴入几滴 $0.10mol \cdot L^{-1}$ EDTA 溶液加以掩蔽，消除干扰。

七、思 考 题

1. 实验时，当溶液中出现蓝色后，反应是否停止了？
2. 本实验中若用 I^- 或 I_3^- 的浓度表示反应速率，则反应速率常数 k 是否一样？
3. 以下情况对实验结果会产生怎样的影响：

(1) 缓慢加入 $(NH_4)_2S_2O_8$ 溶液。

(2) $Na_2S_2O_3$ 取量过多。

(3) 反应前忘记加淀粉，反应过程中才加入。

(4) 先加 $(NH_4)_2S_2O_8$ 溶液，最后加 KI 溶液。

（西安交通大学　许　昭）

实验七　溶胶与高分子溶液

一、实 验 目 的

1. 了解溶胶制备和净化的方法。
2. 观察溶胶的聚沉现象、Tyndall 效应以及电泳现象。
3. 观察蛋白质的盐析及其对溶胶的保护作用。
4. 了解活性炭的吸附作用。

二、实 验 原 理

溶胶和高分子溶液都属于胶体分散系，分散相粒子的大小在 1～100nm 之间（即 10^{-9}～10^{-7}m）。高分子溶液是均相的热力学稳定系统，而溶胶则是多相的热力学不稳定系统。

溶胶的制备是利用化学反应生成的难溶物质聚集形成胶核，胶核在适宜的温度和酸度等条件下吸附一定的离子而形成胶粒。溶胶的净化是利用溶胶胶粒不能透过半透膜的性质进行渗析，分离溶胶中过量的电解质离子，从而得到较稳定的溶胶的过程。

电泳是指在外加电场的作用下，分散相粒子定向迁移的现象。同一溶胶的胶粒带相同的电荷，若胶粒带正电荷，在电场作用下，会移向电场的负极，反之，则移向正极。因此，可根据溶胶电泳的方向判断其所带电荷的正负。

Tyndall 效应是鉴别溶胶最为简便的方法。真溶液无此现象，可据此与溶胶相区别。

溶胶由于胶粒带电及水化作用而具有稳定性，当给溶胶加入一定量电解质溶液或带相反电荷的溶胶时，分散相粒子会聚结，最后析出沉淀，即聚沉。聚沉作用决定于与胶粒带相反电荷的粒子。不同价态的反离子的聚沉能力随价数增高而急剧增大。在溶胶中加入少量高分子化合物，可提高溶胶对电解质的稳定性，此现象称高分子化合物对溶胶的保护作用。

蛋白质溶液是高分子溶液，高浓度的中性盐可使蛋白质析出沉淀，这一现象称为盐析。当给该沉淀中加水时，沉淀又会溶解。与聚沉作用不同，盐析是一个可逆过程。

吸附作用是一种物质的分子、原子或离子自动聚集到另一种物质表面上的现象。活性炭、硅胶等都是常用的固体吸附剂。

三、实验用品

$c(KI)=0.01mol\cdot L^{-1}$，$c(AgNO_3)=0.01mol\cdot L^{-1}$，$c(NaCl)=0.3mol\cdot L^{-1}$，$c(CaCl_2)=0.03mol\cdot L^{-1}$，$c(AlCl_3)=0.003mol\cdot L^{-1}$，$c(Na_2SO_4)=0.03mol\cdot L^{-1}$，$c(Na_2S)=0.2mol\cdot L^{-1}$，$c(CuSO_4)=0.2mol\cdot L^{-1}$，Fecl₃ 饱和溶液，$\rho$(明胶)$=10g\cdot L^{-1}$，$w$(鸡蛋清)$=0.10$，$\rho$(品红)$=1g\cdot L^{-1}$，$H_2S$ 水溶液(饱和)，$(NH_4)_2SO_4$ 溶液(饱和)，ρ(酒石酸锑钾)$=4g\cdot L^{-1}$，无水乙醇(AR)，活性炭。

烧杯(50、100、150mL)，量筒(10、100mL)，试管，滤纸，pH 试纸，渗析袋，Tyndall 效应箱，电泳装置。

四、实验内容

(一) 溶胶的制备

1. AgI 负溶胶的制备　取一支试管，加入水 5mL、$0.01mol\cdot L^{-1}$KI 溶液 1mL，振荡，逐滴加入 $0.01mol\cdot L^{-1}$ $AgNO_3$ 溶液 10 滴，即得。

2. AgI 正溶胶的制备　取一支试管，加入水 5mL、$0.01mol\cdot L^{-1}$$AgNO_3$ 溶液 1mL，振荡，逐滴加入 0.01 mol L^{-1}KI 溶液 10 滴，即得。

3. Sb_2S_3 负溶胶的制备　在一支 50mL 烧杯中，加入 $4g\cdot L^{-1}$ 酒石酸锑钾溶液 20mL，在不断搅拌下缓慢加入 H_2S 饱和水溶液 3mL，即得。

4. $Fe(OH)_3$ 溶胶饱和的制备　在 100mL 烧杯中，加入蒸馏水 50mL，煮沸，在不断搅拌下缓慢加入 $FeCl_3$ 饱和溶液 5mL，继续煮沸 1～2 分钟，即得。

(二) $Fe(OH)_3$ 溶胶的净化

将装有 $Fe(OH)_3$ 溶胶的渗析袋悬于盛有蒸馏水的烧杯中进行渗析，为了加快渗析速度，可稍微加热烧杯。用 pH 试纸检查袋外水溶液的 pH，并与蒸馏水对照。

(三) 溶胶的光学性质——Tyndall 效应

将上述制备好的溶胶分别装入试管中，置于 Tyndall 效应箱内，接通电源，从侧面观察现象。另取蒸馏水、NaCl 溶液及无水乙醇进行对照实验。

(四) 溶胶的电学性质——电泳

在洗净的 U 形管中加入 Sb_2S_3 溶胶至 1/2 高度，取两条滤纸，分别插入 U 型管两端距

离溶胶液面 2mm 处，再将滤纸上方稍加拧卷，沿两滤纸条逐滴交替加入蒸馏水 2～3mL，取出滤纸条，将电极插入水层，通 40V 直流电约 20 分钟，观察溶胶界面的移动方向，判断溶胶的带电符号。

（五）溶胶的聚沉

1. 取三支试管，各加入 Sb_2S_3 溶胶 2mL，在振荡下分别逐滴加入 0.3mol · L^{-1} NaCl、0.03mol · L^{-1} $CaCl_2$ 及 0.003mol · L^{-1} $AlCl_3$ 溶液，直至出现混浊，记录所用每种电解质溶液的滴数，并说明原因。

2. 取二支试管，各加入 $Fe(OH)_3$ 溶胶 2mL，在振荡下分别逐滴加入 0.3mol · L^{-1} NaCl 及 0.03mol · L^{-1} Na_2SO_4 溶液，直至出现混浊，记录所用电解质的滴数，说明原因。

3. 在一支试管中，加入 $Fe(OH)_3$溶胶和 Sb_2S_3 溶胶各 2mL，振荡，观察发生的现象。

4. 在一支试管中，加入 AgI 正、负溶胶各 2mL，振荡，静置一段时间，观察发生的现象，与 AgI 正、负溶胶相比较。

（六）保护作用

在两支试管中，分别加入 Sb_2S_3 溶胶 2mL，其中一支滴加 10g · L^{-1} 明胶溶液 10 滴，另一支滴加蒸馏水，振荡，再分别加入 0.003mol · L^{-1} $AlCl_3$ 溶液 10 滴，比较两者的现象。

同上法做明胶对 $Fe(OH)_3$ 溶胶的保护作用（电解质为 0.03mol · L^{-1} Na_2SO_4）。

（七）蛋白质的盐析作用

在两支试管中各加入 w＝0.10 的鸡蛋清溶液 20 滴，一支试管作为空白对照，另一支试管在振荡下逐滴加入 $(NH_4)_2SO_4$ 饱和溶液，直至出现沉淀，然后加入蒸馏水 5～6mL，振荡，观察沉淀是否溶解，作出结论。

（八）活性炭的吸附作用

1. 在一支试管中加入品红水溶液 10mL，再加活性炭一小勺，用力振荡，过滤，收集滤液，用乙醇 3～5mL 洗涤活性炭，另器收集滤液，比较两次滤液颜色的变化。

2. 在一支试管中，加入蒸馏水 5mL 及 0.2mol · L^{-1} Na_2S 溶液 10 滴，再加活性炭一小勺，用力振荡数分钟，过滤，取滤液 1mL，滴加 0.2mol · L^{-1} $CuSO_4$ 溶液 2～3 滴，观察有无黑色沉淀析出，在另一试管中，加入 0.2mol · L^{-1} Na_2S 溶液 3 滴，再加 2 滴 0.2mol · L^{-1} $CuSO_4$ 溶液进行对照观察，作出结论。

五、实验指导

1. 制备 Sb_2S_3 溶胶时，若 H_2S 加入过多，电解质聚沉实验区别效果不佳。

2. $FeCl_3$ 水解制得的 $Fe(OH)_3$ 溶胶中存在着大量的 H^+ 和 Cl^-，故需要净化，净化时所用渗析袋可用鸭蛋内膜、玻璃纸等自制而成。

3. 电泳实验时，在加入蒸馏水的过程中，要将纸条适当上提，这样可使水与溶胶界面清晰，且两边液面高度一致。

六、思　考　题

1. 制备 $Fe(OH)_3$ 溶胶时，能否将 $FeCl_3$ 溶液加到冷水中？
2. 聚沉能力与电解质浓度和反离子电荷数有何关系？
3. 对一未知溶胶，如何确定其所带电荷的正负？
4. 用哪些方法可以破坏溶胶与高分子溶液的稳定性？

（西安交通大学　李健军）

实验八　硝酸钾的制备和提纯

一、实验目的

1. 学习利用各种易溶盐在不同温度时溶解度的差异来制备易溶盐的原理和方法。
2. 通过制备硝酸钾晶体，掌握溶解、过滤等基本操作。
3. 熟悉结晶、重结晶的原理和操作方法，了解它们的应用。

二、实验原理

硝酸钾的制备一般采用硝酸钠和氯化钾反应制得，该方法在工业上常用，其反应式为：$NaNO_3 + KCl \rightleftharpoons NaCl + KNO_3$。由于此反应是可逆反应，得到的产物通常含有 $NaNO_3$、KCl、NaCl、KNO_3 四种物质（表 2-7），所以无法直接利用此反应来制取较为纯净的硝酸钾晶体。

表 2-7　KNO_3 等四种盐在不同温度下的溶解度(g/100g 水)

盐＼温度/℃	0	10	20	30	40	60	80	100
KNO_3	13.3	20.9	31.6	45.8	63.9	110.0	169	246
KCl	27.6	31.0	34.0	37.0	40.0	45.5	51.1	50.7
$NaNO_3$	73	80	88	96	104	124	148	180
NaCl	35.7	35.8	36.0	36.3	36.6	37.3	38.4	39.8

由表中的数据可以看到：这四种盐的溶解度随温度的变化而呈现不同变化。在室温20℃时，除 $NaNO_3$ 以外，其他三种盐的溶解度相差不大；但随着温度的升高，NaCl 的溶解度几乎没有多大的改变，而 KCl、$NaNO_3$ 和 KNO_3 的溶解度却在高温时有不同幅度的增大。也就是说，NaCl 的溶解度随温度变化而改变幅度不大，而其中 KNO_3 的溶解度随温度升高而大幅度地增大。因此，只要把这反应后的混合溶液加热至高温，浓缩，趁热过滤，就可把溶解度最小而首先析出的 NaCl 滤去，将滤液冷至室温，其中 KNO_3 因溶解度急剧减小而结晶析出，即可得到 KNO_3 粗品。再经过重结晶提纯，即可得到纯品。

三、实验用品

$NaNO_3$(CP)，KCl(CP)，$c(HNO_3)=6mol·L^{-1}$，$c(AgNO_3)=0.1mol·L^{-1}$。

台秤，烧杯(100mL)，量筒(50mL)，铁架台，石棉网，酒精灯，布氏漏斗，吸滤瓶，抽气泵，试管(2个)，滤纸，玻璃棒。

四、实验内容

(一) KNO_3 的制备

1. 在台秤上称取 19.0g $NaNO_3$ 和 15.0g KCl，放入 100mL 烧杯中，加入 30mL 蒸馏水，并在烧杯外壁液面作一记号。在石棉网上用小火加热，使固体全部溶解。

2. 对溶液继续加热并不断搅动，NaCl 逐渐析出，当烧杯中溶液体积减小到原有体积的 1/2 时，趁热过滤(动作要快)。承接滤液的烧杯应预先加 2mL 蒸馏水，以防降温时 NaCl 达到饱和而析出。

3. 当滤液冷却至室温时，用减压过滤把 KNO_3 晶体尽量地抽干，得到 KNO_3 粗产品。再用两张滤纸挤压吸干，称量，计算粗品的产率。

(二) KNO_3 粗品的提纯

1. 保留 0.1g KNO_3 粗产品供纯度检验，将其余的粗产品溶于蒸馏水中(粗产品与水的质量为 2∶1)。

2. 加热、搅拌使晶体全部溶解(若沸腾时，还有晶体存在，应适量加入蒸馏水使其完全溶解)，停止加热。

3. 将溶液冷至室温，抽滤，即可得到纯度较高的 KNO_3 晶体，用两张滤纸挤压吸干。称量，计算重结晶的产率。

(三) 产品中杂质氯的检验

分别取约 0.1g KNO_3 粗产品和重结晶 KNO_3 晶体，各用 2mL 蒸馏水分别在两个试管中配成溶液。在溶液中分别滴入 $5mol·L^{-1}$ HNO_3 溶液 1 滴酸化，再各滴 $0.1mol·L^{-1}$ $AgNO_3$ 溶液 2 滴。观察现象，作出结论。

五、实验指导

1. 本实验的关键之一是控制好第一步的加热蒸发。

2. KNO_3 的晶体形状为针状，NaCl 的晶体为细粒状。将溶液冷却时，要缓慢降温，最好不要快速冷却。

六、思考题

1. 精制品 KNO_3 中的杂质是什么？怎样除去这些杂质？

2. 将粗产品 KNO_3 重结晶时，每 2g KNO_3 加入 1g 蒸馏水这个比例是如何确定的？

（西安交通大学　王丽娟）

实验九　常见离子的鉴定与混合离子分析

一、实验目的

1. 掌握常见离子的分离、鉴定方法。掌握离心机的正确操作。
2. 加深对离子平衡的理解。

二、实验原理

定性分析的任务是确定物质由哪些组分（元素、离子、基团或化合物）组成。根据试样用量可分为常量、半微量、微量分析。本实验采用半微量分析。半微量分析一般取试样 10～100mg，制成试液 1～10mL。

采用化学分析法对物质进行定性分析时，首先将待分析试样制成溶液（试液），然后选择适当的试剂对特定离子进行鉴定反应。作为一种鉴定反应，必须具备以下条件：①反应快速；②具有明显的外观特征（如溶液颜色的改变，沉淀的生成或溶解，气体的产生等）；③有足够高的灵敏度。

在定性分析中，把不受其他离子干扰、只对某一特定离子发生特征反应的试剂叫该离子的特效试剂，这样的反应称为该离子的特效反应。具有特效反应的离子，虽和其他离子共存，不需经过分离，就可以直接检出，这种分析方法称为分别分析法。但到目前为止，只有少数几种离子能找到特效试剂，大多数离子往往是其中几种离子对同一试剂出现类似反应，因此在实际分析中，往往先利用某些离子间的共性，将其分组，然后对各组内离子利用其个性将其一一分离，这种分析方法称为系统分析法。在实际工作中，这二者并不截然分开，常常将它们综合应用，以解决实际问题。

三、实验用品

1. 正离子试液（$\rho=10g\cdot L^{-1}$）　NH_4^+，Hg^{2+}，Pb^{2+}，Cu^{2+}，Zn^{2+}，Fe^{3+}，Ba^{2+}。

2. 负离子试液（$\rho=10g\cdot L^{-1}$）　PO_4^{3-}，NO_3^-，NO_2^-。

3. 正离子混合液（$\rho=10g\cdot L^{-1}$）　Mn^{2+}、NH_4^+、Cu^{2+}、Al^{3+}、Ba^{2+}，$\rho(Pb^{2+})=20g\cdot L^{-1}$。

4. $c(HAc)=2mol\cdot L^{-1}$、$6mol\cdot L^{-1}$，$c(HCl)=1mol\cdot L^{-1}$、$6mol\cdot L^{-1}$，$c(H_2SO_4)=1mol\cdot L^{-1}$、$3mol\cdot L^{-1}$，$c(HNO_3)=6mol\cdot L^{-1}$，$c(NaOH)=2mol\cdot L^{-1}$、$6mol\cdot L^{-1}$，$c(NH_3\cdot H_2O)=0.1mol\cdot L^{-1}$、$6mol\cdot L^{-1}$，$c(K_4[Fe(CN)_6])=0.25\ mol\cdot L^{-1}$，$\rho(NH_4Ac)=300g\cdot L^{-1}$，$c(NaAc)=3\ mol\cdot L^{-1}$，$\rho(K_2CrO_4)=10g\cdot L^{-1}$，$\rho(KI)=10g\cdot L^{-1}$，$\rho$（钼酸铵）$=50g\cdot L^{-1}$，$\rho(H_2O_2)=30g\cdot L^{-1}$，$\rho$（对氨基苯磺酸）$=3.4g\cdot L^{-1}$，$\rho$（$\alpha$-萘胺）$=1.2g\cdot L^{-1}$，$Na_2CO_3$ 溶液（饱和），草酸（AR. 固体），广泛 pH 试纸，铝试剂（AR），浓 H_2SO_4（AR），

Na_2HPO_4(AR),酚酞试剂,硫代乙酰胺(AR),$FeSO_4$(AR)。

5. 离心机,离心管,小试管,表面皿,毛细滴管,点滴板,玻璃棒,试管夹,小烧杯,滤纸,角匙。

四、实验内容

(一)常见正离子的鉴定

1. NH_4^+ 的鉴定(气室法) 当碱作用于任何铵盐的水溶液或固体时,发生下面的反应:

$$NH_4^+ + OH^- \rightleftharpoons NH_3\uparrow + H_2O$$

放出的 NH_3 可使润湿的酚酞试纸变红,该反应通常为 NH_4^+ 的特效反应。

操作:取干燥洁净的表面皿两个(一大一小),在小表面皿的内侧黏附一条用酚酞试剂湿润过的小滤纸条,将 NH_4^+ 试液 4 滴滴于另一大表面皿中,加 $6mol \cdot L^{-1}$ NaOH 溶液 2 滴,立即将小表面皿盖在大表面皿上,放置片刻。若试纸变红,示有 NH_4^+ 存在。

2. Pb^{2+} 的鉴定 Pb^{2+} 与 CrO_4^{2-} 作用可生成黄色沉淀:

$$Pb^{2+} + CrO_4^{2-} \rightleftharpoons PbCrO_4\downarrow$$

该沉淀易溶于 NaOH 溶液,不溶于 HAc,但在强酸溶液中溶解度增大,反应如下:

$$PbCrO_4 + 3OH^- \rightleftharpoons HPbO_2^- + CrO_4^{2-} + H_2O$$

$$2PbCrO_4 + 2H^+ \rightleftharpoons 2Pb^{2+} + Cr_2O_7^{2-} + H_2O$$

该鉴定反应在弱酸性介质(HAc)中进行,生成 $PbCrO_4$ 黄色沉淀的方法也可用于鉴定 $Cr_2O_7^{2-}$。

操作:取 Pb^{2+} 试液 2 滴滴于点滴板上,加入 $2mol \cdot L^{-1}$ HAc 溶液 2 滴和 $10g \cdot L^{-1}$ K_2CrO_4 溶液 1 滴,再加 2 $mol \cdot L^{-1}$ NaOH 溶液 3 滴。如果沉淀溶解,示有 Pb^{2+} 存在。

3. Cu^{2+} 的鉴定 Cu^{2+} 与 $K_4[Fe(CN)_6]$ 在酸性介质中反应,生成红棕色沉淀,该沉淀不溶于稀酸,但能被碱所分解产生淡蓝色 $Cu(OH)_2$ 沉淀:

$$2Cu^{2+} + [Fe(CN)_6]^{4-} \rightleftharpoons Cu_2[Fe(CN)_6]\downarrow$$

$$Cu_2[Fe(CN)_6] + 4OH^- \rightleftharpoons 2Cu(OH)_2\downarrow + [Fe(CN)_6]^{4-}$$

操作:取 Cu^{2+} 试液 2 滴于点滴板上,加入 $2mol \cdot L^{-1}$ HAc 溶液 1 滴,再加入 $0.25mol \cdot L^{-1}$ $K_4[Fe(CN)_6]$ 溶液 1 滴。如有红棕色沉淀生成,示有 Cu^{2+} 存在。

4. Ba^{2+} 的鉴定 Ba^{2+} 能与 K_2CrO_4 作用,生成黄色沉淀,该沉淀不溶于 NaOH(与 $PbCrO_4$ 相区别),但能溶于 HNO_3。

$$Ba^{2+} + CrO_4^{2-} \rightleftharpoons BaCrO_4\downarrow$$

操作:取 Ba^{2+} 试液 1 滴于离心管中,加入 $2mol \cdot L^{-1}$ HAc 溶液 1 滴,再加入 $10g \cdot L^{-1}$ K_2CrO_4 溶液 1 滴,生成黄色沉淀,离心分离,沉淀加 $2mol \cdot L^{-1}$ NaOH 溶液 2 滴。如沉淀不溶解,示有 Ba^{2+} 存在。

5. Fe^{3+} 的鉴定 Fe^{3+} 与 $K_4[Fe(CN)_6]$ 作用生成蓝色沉淀:

$$4Fe^{3+} + 3[Fe(CN)_6]^{4-} \rightleftharpoons Fe_4[Fe(CN)_6]_3\downarrow$$

操作:取 Fe^{3+} 试液 1 滴于点滴板上,加入 $0.25mol \cdot L^{-1}$ $K_4[Fe(CN)_6]$ 溶液 1 滴。如有蓝色沉淀生成,示有 Fe^{3+} 存在。

6. Hg^{2+}的鉴定　Hg^{2+}与KI作用生成橘红色沉淀，该沉淀可溶于过量KI，生成可溶于水的配合物：

$$Hg^{2+} + 2I^- \rightleftharpoons HgI_2\downarrow$$

$$HgI_2 + 2I^- \rightleftharpoons [HgI_4]^{2-}$$

操作：取Hg^{2+}试液1滴于点滴板上，加入10g · L^{-1} KI溶液1～2滴，有橘红色沉淀生成，继续滴加KI，如沉淀溶解，示有Hg^{2+}存在。

7. Zn^{2+}鉴定　硫代乙酰胺在碱性条件下加热能生成S^{2-}，当溶液中有Zn^{2+}存在时，即可反应生成ZnS白色沉淀，该沉淀可溶于酸性介质中。

$$CH_3CSNH_2 + 3OH^- \rightleftharpoons NH_3 + H_2O + CH_3COO^- + S^{2-}$$

$$Zn^{2+} + S^{2-} \rightleftharpoons ZnS\downarrow$$

操作：取Zn^{2+}试液1滴于离心管中，加硫代乙酰胺5滴，再向此混合溶液中加6mol · L^{-1} $NH_3 \cdot H_2O$溶液2～3滴后，水浴加热，生成白色沉淀。离心分离，弃去清液，洗涤沉淀一次，向沉淀上加6mol · L^{-1} HCl溶液2～3滴，振摇。如沉淀溶解，示有Zn^{2+}存在。

（二）常见负离子的鉴定

1. PO_4^{3-}的鉴定　在酸性介质中，PO_4^{3-}与钼酸铵反应生成特殊的磷钼酸铵黄色沉淀，该沉淀溶于过量的磷酸盐，因此实验时必须加入过量的钼酸铵。

$$PO_4^{3-} + 3NH_4^+ + 12MoO_4^{2-} + 24H^+ \rightleftharpoons (NH_4)_3PO_4 \cdot 12MoO_3 \cdot 6H_2O\downarrow + 6H_2O$$

操作：取PO_4^{3-}试液2滴于离心管中，加入6mol · L^{-1} HNO_3溶液1滴，再加入50g · L^{-1}钼酸铵溶液8～10滴，搅拌，必要时在水浴中温热。如有黄色沉淀生成，示有PO_4^{3-}存在。

2. NO_2^-的鉴定　在HAc酸性介质中，NO_2^-与对氨基苯磺酸及α-萘胺作用，生成红色的偶氮染料。这是因为在HAc酸性介质中，NO_2^-使对氨基苯磺酸重氮化，再与α-萘胺偶联生成红色偶氮染料。

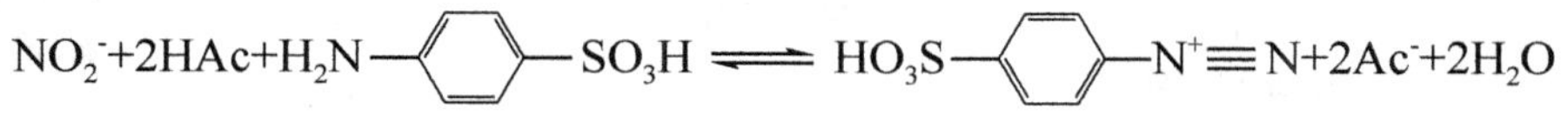

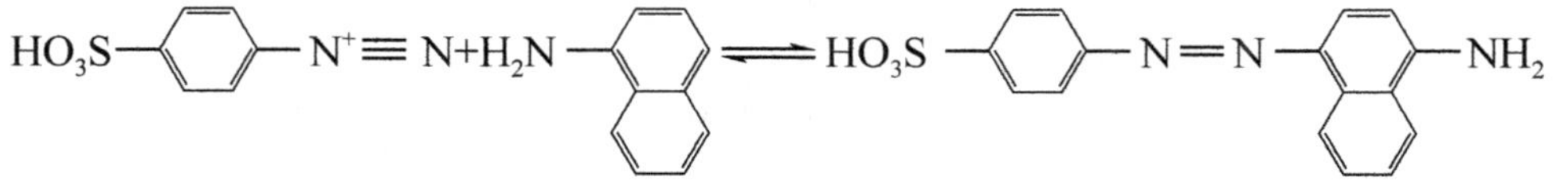

操作：取NO_2^-试液1滴于点滴板上，加2mol · L^{-1} HAc溶液1滴，再依次加入3.4g · L^{-1}对氨基苯磺酸溶液及1.2g · L^{-1}α-萘胺溶液各2滴。如有红色的偶氮染料生成，示有NO_2^-存在。

3. NO_3^-鉴定　NO_3^-与$FeSO_4$作用生成配合物$[Fe(NO)SO_4]$，在溶液中形成棕色环。

$$6Fe^{2+} + 2NO_3^- + 8H^+ \rightleftharpoons 6Fe^{3+} + 2NO + 4H_2O$$

$$FeSO_4 + NO \rightleftharpoons [Fe(NO)SO_4]$$

操作：取NO_3^-试液6滴于试管中，加少许$FeSO_4$固体颗粒，振摇使大部分溶解，将试管倾斜成45°左右，沿管壁快速滴加浓H_2SO_4 7～8滴，静置使分为上下两层。界面处有棕色环生成，示有NO_3^-存在。

（三）NH_4^+、Cu^{2+}、Al^{3+}、Mn^{2+}、Pb^{2+}、Ba^{2+}等正离子混合溶液的系统分析

1. 分析方案

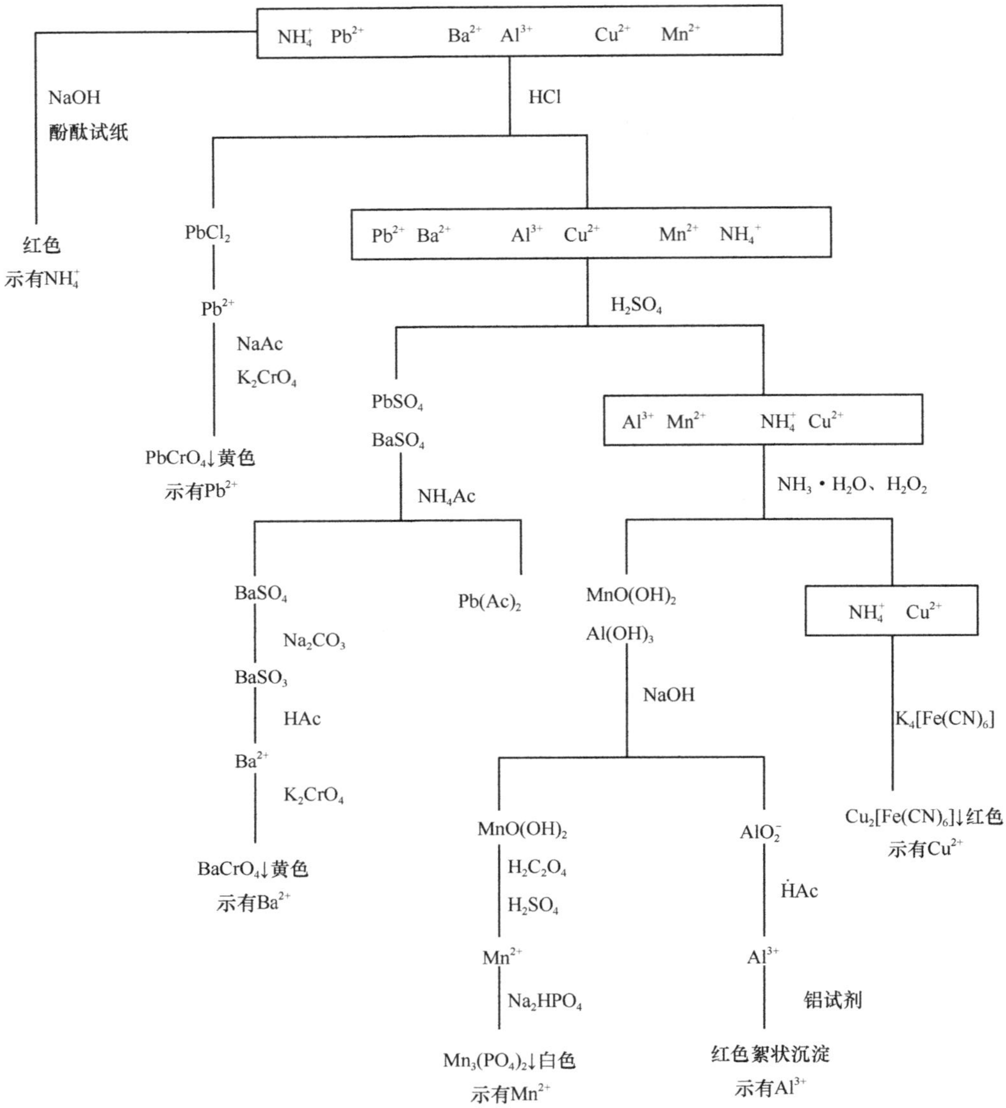

2. 操作步骤

（1）NH_4^+ 的鉴定：在一小表面皿内壁中央黏附一条用酚酞试剂润湿过的小滤纸条，在大表面皿中滴上混合试液 3 滴，然后再加 $6mol \cdot L^{-1}$ NaOH 溶液 2 滴，立即将小表面皿盖在大表面皿上作成气室，放置片刻，若滤纸条变红，示有 NH_4^+ 存在。

（2）Pb^{2+} 分离与鉴定：混合试液 20 滴于离心管中，滴加 $6mol \cdot L^{-1}$ HCl 溶液，充分搅拌，使生成沉淀，继续滴加至沉淀完全，离心分离。离心液按(3)处理。沉淀用 $1mol \cdot L^{-1}$ HCl 溶液 5 滴洗涤，离心分离，弃去离心液。在洗净的沉淀上加蒸馏水 1mL，水浴加热 1～2 分钟，不时搅动，使沉淀溶解。在此液中加 $3mol \cdot L^{-1}$ NaAc 溶液 1 滴和 $10g \cdot L^{-1}$ K_2CrO_4 溶液

3 滴，有黄色沉淀生成，加 2mol · L^{-1} NaOH 溶液数滴，沉淀溶解，示有 Pb^{2+} 存在。

(3) Pb^{2+}、Ba^{2+} 与 Al^{3+}、Mn^{2+}、NH_4^+、Cu^{2+} 的分离和 Ba^{2+} 的鉴定：在(2)得到的离心液中加 3mol · L^{-1} H_2SO_4 溶液至沉淀完全，离心分离。离心液按(4)处理。在沉淀上加 300g · L^{-1} NH_4Ac 溶液 5 滴，离心分离，弃去离心液，在沉淀上继续加饱和 Na_2CO_3 溶液，使 $BaSO_4$ 沉淀转化为 $BaCO_3$ 沉淀，在 $BaCO_3$ 沉淀上加 6mol · L^{-1} HAc 溶液 8 滴，再加 10g · L^{-1} K_2CrO_4 溶液 3 滴，离心分离。弃去离心液，往沉淀上加数滴 2mol · L^{-1} NaOH 溶液，如沉淀不溶，示有 Ba^{2+} 存在。

(4) Mn^{2+}、Al^{3+} 与 NH_4^+、Cu^{2+} 的分离和 Al^{3+} 的鉴定：在(3)得到的离心液中，加 6mol · L^{-1} $NH_3 \cdot H_2O$ 至溶液 pH＝10～11，并加 30g · L^{-1} H_2O_2 溶液 4 滴，搅匀，使 $MnO(OH)_2$、$Al(OH)_3$ 沉淀，离心分离。离心液按(6)处理。在沉淀上加 0.1mol · L^{-1} $NH_3 \cdot H_2O$ 溶液洗涤 2～3 次至离心液无色，弃去离心液，给沉淀上加 6mol · L^{-1} NaOH 溶液 8 滴，充分搅动，离心分离。沉淀按(5)处理。上清液为 AlO_2^-。取上清液 6 滴，加 6mol · L^{-1} HAc 至酸性，加 2 滴铝试剂，摇匀，放置片刻，用浓 $NH_3 \cdot H_2O$ 调至碱性，水浴加热，有红色絮状沉淀生成，示有 Al^{3+} 存在。

(5) Mn^{2+} 的鉴定：用 0.1mol · L^{-1} $NH_3 \cdot H_2O$ 溶液洗涤(4)中得到的沉淀 2～3 次，在洗净的沉淀上加 $H_2C_2O_4$ 固体少量和 1mol · L^{-1} H_2SO_4 溶液 2～3 滴，水浴加热，待溶液冷却后，往试管中加 Na_2HPO_4 固体少量，充分搅动，使固体全部溶解，静置片刻。有白色沉淀生成，示有 Mn^{2+} 存在。

(6) Cu^{2+}：在(4)得到的离心液中加 0.25mol · L^{-1} $K_4[Fe(CN)_6]$ 溶液，产生红色沉淀，示有 Cu^{2+} 存在。

(四) 设计实验

请自行设计试验方案，对下列两组混合离子进行分离鉴定。

1. Cl^-、Br^-、I^- 混合溶液。
2. Pb^{2+}、Ba^{2+}、Al^{3+}、Cu^{2+} 混合溶液。

五、实验指导

1. 气室法鉴定单一离子溶液和混合离子溶液中 NH_4^+ 的实验都应在鉴定其他离子之前做，以防得到假阳性结果。

2. 做棕色环实验时，应沿管壁快速滴加浓 H_2SO_4，不能晃动试管，否则不能形成棕色环。

六、思 考 题

1. 什么是系统分析法？什么是分别分析法？

2. 在某一混合离子溶液中加入铬酸钾溶液时有黄色沉淀生成，是否可说明该溶液中有 Pb^{2+} 存在？是否可说明有 Ba^{2+} 存在？那么如何判定是何种离子存在？

(西安交通大学 李健军)

实验十　盐酸普鲁卡因注射液中杂质的检查（薄层色谱法）

一、实验目的

1. 掌握硅胶 G 薄层板的铺制方法。
2. 学会薄层色谱法操作。
3. 了解薄层色谱法在药物杂质检查中应用。

二、实验原理

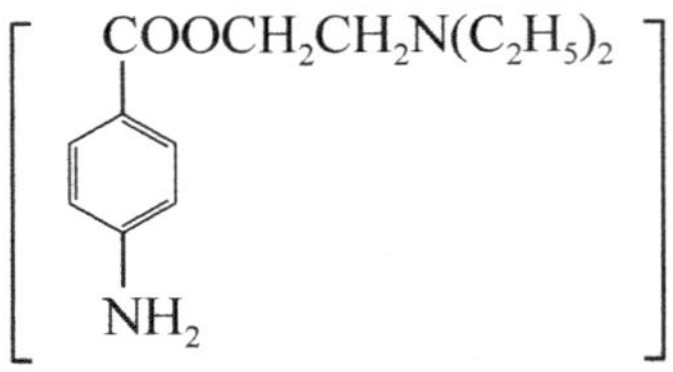

HCl（对氨基苯甲酸-2-二乙氨基乙酯的盐酸盐）

薄层色谱法是常用的一种简便、快速、灵敏的分离分析方法。在硅胶 G 板上，利用药物被吸附性能差异，在展开过程中产生差速迁移而分离。

普鲁卡因是局部麻醉药物，可作用于外周神经，能制止和阻滞神经冲动的产生和传递，临床上称为传导阻滞。临床常用其盐酸盐。本实验用硅胶 G 薄板对盐酸普鲁卡因注射液中的杂质对氨基苯甲酸进行检查。盐酸普鲁卡因结构式如图所示。

三、实验用品

1. 试剂　硅胶 G（薄层色谱用），0.1%对氨基苯甲酸溶液对照品（0.1g 对氨基苯甲酸溶于 100mL 50%乙醇中），样品Ⅱ、Ⅲ（0.5%盐酸普鲁卡因注射液），展开剂：氯仿-乙醇-冰醋酸（10：1：1），显色剂：3%对二甲氨基苯甲醛乙醇溶液。

2. 仪器　色谱缸，玻璃板（5×15cm），研钵等。

四、实验内容

1. 制板　取硅胶 G 适量，于研钵中加蒸馏水（每克硅胶 G 约加水 2mL）研匀成糊状，迅速倾倒与洁净的玻璃片上，抖动玻璃片使铺层均匀，于水平台上防尘装置，待凝固后，于 105℃下活化 2 小时，置于干燥器中备用。

2. 点样、展开、显色　在距薄层板底边 2cm 处，用铅笔轻轻划一起始线。分别点对照品、样品（Ⅰ、Ⅱ）各约 10 μL，点样斑点直径应小于 3mm。将点样后的薄层板置于盛有展开剂的色谱缸中饱和 20 分钟；按倾斜上行法展开，待展开剂移行约 10cm 取出薄板，自然挥干后，喷 3%对二甲氨基苯甲醛乙醇溶液显色，根据斑点来检查盐酸普鲁卡因注射液中的对氨基苯甲酸杂质。

五、实验指导

1. 点样及显色注意项同纸色谱。
2. 饱和及展开时，色谱缸必须密闭。
3. 展开剂应适宜，只需浸没薄层板 0.3～0.5cm 即可。

六、思考题

1. 饱和及展开时为什么要密闭？
2. 展开剂氯仿、乙醇、冰醋酸应各取多少？

（西安交通大学 杨 云）

第三章 化学分析实验

实验十一 酸碱溶液的配制和标定

一、实验目的

1. 了解酸碱滴定分析法的基本原理。
2. 掌握差减法称量方法及用酸碱指示剂确定终点的方法。
3. 熟悉用一级标准物质标定溶液浓度的原理和方法。

二、实验原理

由于浓盐酸易挥发，氢氧化钠易吸收空气中的水分和 CO_2，因此不能直接配制准确浓度的 HCl 和 NaOH 标准溶液。实际工作中，一般先配制成近似浓度的溶液，然后用一级标准物质或另一已知准确浓度的标准溶液进行标定，计算出准确浓度。

标定 HCl 溶液的一级标准物质很多，实验室常选用分析纯的无水碳酸钠，其化学反应如下：

$$Na_2CO_3 + 2HCl = 2NaCl + H_2O + CO_2\uparrow$$

用 $0.1000mol \cdot L^{-1}$ HCl 溶液滴定 $0.1000mol \cdot L^{-1}$ $(1/2Na_2CO_3)$溶液，当反应完全时，计量点 pH=3.9，突跃范围 pH=3.5～5.0，可选用甲基橙(pH=3.1～4.4)或甲基红(pH=4.4～6.2)作指示剂。由于反应生成的 CO_2 对滴定结果会产生影响，故常在临近终点时将溶液煮沸，以消除 CO_2 的影响。计量点时：

$$n(HCl) = n\left(\frac{1}{2}Na_2CO_3\right)$$

根据被滴定的 Na_2CO_3 的质量和所用 HCl 溶液的体积，即可算出 HCl 溶液的准确浓度。

$$c(HCl) = \frac{m(Na_2CO_3) \cdot V_2}{V(HCl) \cdot M(1/2Na_2CO_3) \cdot V_1}$$

式中，V_1 为配制 Na_2CO_3 溶液的体积；

V_2 为滴定时所移取的 Na_2CO_3 溶液的体积；

$$M\left(\frac{1}{2}Na_2CO_3\right) = 53.00g \cdot mol^{-1}$$

HCl 和 NaOH 溶液的滴定反应可简写为：

$$H^+ + OH^- = H_2O$$

当用 $0.1000mol \cdot L^{-1}$ NaOH 溶液滴定 $0.1000mol \cdot L^{-1}$ HCl 溶液 20.00mL，反应计量点时 pH=7.0，突跃范围 pH=4.3～9.7。因此，变色范围适宜的甲基橙(pH=3.1～4.4)、甲基红(pH=4.4～6.2)、酚酞(pH=8.0～9.6)均可选作指示剂。计量点时有：

$$c(HCl) \cdot V(HCl) = c(NaOH) \cdot V(NaOH)$$

三、实验用品

1. ρ(甲基橙)＝$1g \cdot L^{-1}$，c(HCl)＝$2.8mol \cdot L^{-1}$，NaOH(AR)，无水 Na_2CO_3(AR)，凡士林。

2. 酸式滴定管(50mL)，碱式滴定管(50mL)，容量瓶(250mL)，锥形瓶(250mL)，移液管(25mL)，分析天平，滴定管架，称量瓶，量筒(500mL)，试剂瓶(500mL)，台秤，剪刀，浆糊，橡皮圈，细铜丝及标签纸等。

四、实验内容

1. $0.1mol \cdot L^{-1}$ HCl 溶液的配制　计算配制 $0.1mol \cdot L^{-1}$ HCl 溶液 500mL 所需 $2.8mol \cdot L^{-1}$ HCl 溶液的体积。用量筒量取上述计算量的盐酸溶液，倒入 500mL 的试剂瓶中，补加蒸馏水至 500mL，摇匀，贴上标签，备用。

2. $0.1mol \cdot L^{-1}$ NaOH 溶液的配制　计算配制 $0.1mol \cdot L^{-1}$ NaOH 溶液 250mL 所需 NaOH 固体的质量。

将 50mL 小烧杯置于台秤托盘上，迅速称取上述计算量的 NaOH 固体，加蒸馏水 30mL 使其溶解，冷却，转移至 250mL 试剂瓶中，补加蒸馏水至 250mL，塞上橡皮塞，摇匀，贴好标签，备用。

3. Na_2CO_3 标准溶液的配制　用分析天平准确称取无水碳酸钠约 1.2～1.4g，置于小烧杯中，加水 20～30mL 搅拌使溶解，将溶液转移至 250mL 容量瓶中，用少量水洗涤烧杯数次，洗涤液一并倒入容量瓶，加水稀释至刻度，摇匀，备用。

4. HCl 溶液浓度的标定　取 25mL 干净的移液管，用上述 Na_2CO_3 溶液少许润洗 2～3 次，准确量取 Na_2CO_3 溶液 25.00mL，转移至锥形瓶中，用洗瓶将黏附在瓶壁的 Na_2CO_3 溶液冲下，加甲基橙指示剂 1～2 滴，用待标定的 HCl 溶液滴定至溶液由黄色恰变为橙色，且 30 秒钟内不褪色，即为滴定终点，记录消耗 HCl 溶液的体积。

重复上述操作，至两次滴定所消耗 HCl 溶液的体积相差不超过 0.04mL 为止，取其平均值，计算 HCl 溶液的准确浓度。

5. NaOH 溶液浓度的标定　取 25mL 干净的移液管，用上述 HCl 标准溶液少许润洗 2～3 次，准确移取该液 25.00mL 至锥形瓶中，用洗瓶将黏附在瓶壁的 HCl 溶液冲下，加甲基橙指示剂 1～2 滴，用待标定的 NaOH 溶液滴定至溶液由橙色恰变为黄色，且 30 秒钟内不褪色，即为滴定终点，记录消耗 NaOH 溶液的体积。

重复上述操作，至两次滴定所消耗 NaOH 溶液的体积相差不超过 0.04mL 为止，取其平均值，计算 NaOH 溶液的准确浓度。

五、实验指导

1. 分析实验中所用的标签，应标明试剂名称、组成量度、配制日期，必要时应标明用途、配制人。需长期保存的，标签贴好后涂上一层薄蜡保护。

2. 注意观察滴定时溶液颜色的变化。在离终点较远时，颜色变化快，离终点越近，颜色变化越慢。此时应注意控制滴定速度，时时振摇，待颜色完全消褪后，再加入第二滴，至最终颜色在 30 秒钟内不褪色为止。

3. Na_2CO_3 固体易吸收水分,使用前应在 270～300℃下干燥 1 小时后,置于干燥器中备用。标定时也可称取 0.10 ～ 0.12g 分析纯 Na_2CO_3 三份,分别置于三个锥形瓶中,溶解后用待标定的 HCl 溶液滴定。

4. 用无水 Na_2CO_3 标定盐酸时,由于反应本身产生 CO_2,使溶液酸度偏大,终点出现过早,且变化不明显。因此滴定临近终点时,应剧烈摇动以加快 H_2CO_3 的分解,最好煮沸 2～3 分钟,冷却后,如溶液为黄色,应继续滴定到橙色。

六、思　考　题

1. 滴定管为什么先要用待装溶液润洗 2～3 次？用于滴定的锥形瓶是否需要预先干燥处理,要不要用标准溶液润洗？

2. 下列情况对实验结果有无影响？

(1) 滴定过程中,往锥形瓶内加入少量水。

(2) 滴定到达终点后立即读数。

(3) 滴定完毕后,滴定管尖嘴出现气泡。

(4) 滴定完毕后,滴定管尖嘴部分有残留液滴。

3. 使用容量瓶配制溶液时,是否需要预先干燥容量瓶？为什么？

4. 使用移液管移取溶液时,是否需要用待取溶液润洗？

5. 本实验需称取无水碳酸钠约 1.2～1.4g,溶解并定容至 250.0mL,有学生认为,既然是"大约"质量,即可采用台秤称量。合适吗？为什么？

6. 用碳酸钠作一级标准物质标定盐酸时,为什么不采用酚酞作指示剂？

(西安医学院　扈本荃)

实验十二　硼砂含量的测定

一、实 验 目 的

1. 学习用酸碱滴定分析法测定试样含量的方法。

2. 熟练掌握滴定分析的基本操作。

二、实 验 原 理

硼砂($Na_2B_4O_7 \cdot 10H_2O$)是弱酸(H_3BO_3)与强碱(NaOH)组成的盐。在水溶液中,$B_4O_7^{2-}$ 解离为 H_3BO_3 和 $H_2BO_3^-$ 。

$$B_4O_7^{2-} + 5H_2O \rightleftharpoons 2H_3BO_3 + 2H_2BO_3^-$$

H_3BO_3 的 $K_a = 5.7 \times 10^{-10}$,非常小,故不能用 NaOH 溶液直接滴定,但它的共轭碱 $H_2BO_3^-$ 的 $K_b = 1.75 \times 10^{-5}$,在水中为质子接受体,故可用盐酸标准溶液滴定,反应方程式如下：

$$B_4O_7^{2-} + 2H^+ + 5H_2O = 4H_3BO_3$$

或

$$Na_2B_4O_7 \cdot 10H_2O + 2HCl = 2NaCl + 4H_3BO_3 + 5H_2O$$

用盐酸标准溶液滴定硼砂溶液，计量点时由于生成很弱的 H_3BO_3，此时溶液的 pH 约为 5.1，突跃范围 pH 为 5.6～4.3，故可选用甲基红(pH＝4.4～6.2)作指示剂。

硼砂的质量分数可按下式计算：

$$w(Na_2B_4O_7 \cdot 10H_2O) = \frac{c(HCl) \cdot V(HCl) \cdot M\left(\frac{1}{2}Na_2B_4O_7 \cdot 10H_2O\right) \cdot V_1}{m \cdot V_2}$$

式中，V_1 为配制硼砂溶液的体积；

V_2 为滴定时吸取硼砂溶液的体积；

$$M\left(\frac{1}{2}Na_2B_4O_7 \cdot 10H_2O\right) = 190.68g \cdot mol^{-1}$$

m 为称取试样的质量。

三、实验用品

1. 硼砂(试样)，ρ(甲基红) = $1g \cdot L^{-1}$，盐酸标准溶液。
2. 酸式滴定管(50mL)，容量瓶(250mL)，锥形瓶(250mL)，移液管(25mL)，烧杯(100mL)，分析天平，干燥器，洗瓶，称量瓶，酒精灯，滴定管架，铁环，石棉网。

四、实验内容

在分析天平上准确称取市售硼砂试样 4.0～4.5g，置于小烧杯中，加蒸馏水约 50mL，加热使其完全溶解，冷却，转移至 250mL 容量瓶中，烧杯用少量水洗涤 2～3 次，洗涤液一并转入容量瓶中，用蒸馏水稀释至刻线，摇匀，备用。

用移液管吸取上述试样溶液 25.00mL，置于 250mL 锥形瓶中，加甲基红指示剂 1～2 滴，用盐酸标准溶液滴定至溶液由黄色变为橙色，且 30 秒钟内不褪色，即为滴定终点，记录消耗盐酸溶液的体积。

依上法，重复滴定，至两次滴定消耗标准溶液的体积相差不超过 0.04mL 为止，取其平均值，计算市售硼砂的质量分数。

五、实验指导

1. 酸式滴定管旋塞应密闭性好，不漏液，且转动自如。
2. 应滴加甲基红指示剂 1～2 滴，若滴加太多时，颜色变化不醒目。

六、思　考　题

1. 若用分析纯硼砂作一级标准物质标定 $0.1mol \cdot L^{-1}$ HCl 溶液，要求控制 HCl 溶液的消耗体积为 20～25mL，需称取硼砂多少克？
2. 当有少量的硼砂试样失去结晶水时，会使测定结果偏高还是偏低？

3. 在酸碱滴定中每次指示剂的用量都很少(1～2 滴),为什么? 能否多用?

4. 通过以上几个酸碱滴定实验的练习,试小结滴定分析的一般操作流程由哪几个部分构成? 在实验操作中应注意什么问题?

(西安交通大学　李健军)

实验十三　高锰酸钾溶液的配制及标定

一、实 验 目 的

1. 掌握 $KMnO_4$ 标准溶液的配制和保存方法。

2. 掌握用 $Na_2C_2O_4$ 作一级标准物质标定 $KMnO_4$ 溶液浓度的原理、方法及滴定条件。

二、实 验 原 理

高锰酸钾法是指以高锰酸钾溶液作为标准溶液的氧化还原滴定分析法。由于市售 $KMnO_4$ 试剂中常含有 MnO_2、硫酸盐、硝酸盐及氯化物等少量杂质,因而不能用直接法配制其标准溶液。$KMnO_4$ 氧化能力强,易被水中的微量还原性物质还原生成 MnO_2 沉淀;$KMnO_4$ 在水中能自行分解,其分解反应如下:

$$4KMnO_4 + 2H_2O \rightleftharpoons 4MnO_2\downarrow + 4KOH + 3O_2\uparrow$$

其分解速率较慢,但能被 MnO_2 所加速,见光则分解得更快。由此可见,$KMnO_4$ 溶液浓度是易于变化的,因此,为了得到稳定的 $KMnO_4$ 溶液,须在配制后将其置于棕色瓶中,在暗处放置 7～10 天后,用砂芯漏斗过滤,以除去 MnO_2。

标定 $KMnO_4$ 溶液的一级标准物质有 $Na_2C_2O_4$、$H_2C_2O_4 \cdot 2H_2O$、纯铁丝等,其中以 $Na_2C_2O_4$ 最为常用。用 $Na_2C_2O_4$ 标定 $KMnO_4$ 溶液的反应如下:

$$2H^+ + C_2O_4^{2-} \rightleftharpoons H_2C_2O_4$$

$$2MnO_4^- + 5H_2C_2O_4 + 6H^+ = 2Mn^{2+} + 10CO_2\uparrow + 8H_2O$$

反应在酸性介质中进行,应以 H_2SO_4 来调节酸度,其适宜浓度 $c(H_2SO_4) = 0.5 \sim 1mol \cdot L^{-1}$。

滴定中常以加热滴定溶液的方法来提高反应速率。起初滴定反应的速率较慢,故开始滴入的 $KMnO_4$ 褪色较慢,这时 $KMnO_4$ 溶液必须逐滴加入。随着滴定的进行,反应生成的 Mn^{2+} 对该反应有催化作用,反应速率逐渐加快,滴定速率也可逐渐加快。$KMnO_4$ 溶液本身有色,故 $KMnO_4$ 可作为自身指示剂,而无需外加指示剂。滴定终点是用过量的 MnO_4^- 的浅红色来指示的,终点时 $KMnO_4$ 溶液的颜色应愈浅愈好。

三、实 验 用 品

1. $KMnO_4$(AR),$Na_2C_2O_4$(AR),$c(H_2SO_4) = 3mol \cdot L^{-1}$。

2. 棕色试剂瓶(500mL),容量瓶(250mL),移液管(25mL),量筒(10mL),酸式滴定管

(50mL),砂芯漏斗,烧杯(50mL),锥形瓶(250mL)。

四、实验内容

1. $KMnO_4$ 溶液的配制 称取 $KMnO_4$ 0.35g,溶于 500mL 新煮沸放凉的蒸馏水中,置棕色玻璃瓶中,于暗处放置 7~10 天,用砂芯漏斗过滤,存于另一棕色玻璃瓶中,备用。

2. $Na_2C_2O_4$ 标准溶液的配制 准确称取一级标准物质 $Na_2C_2O_4$ 0.35~0.40g 置于小烧杯中,先用约 20mL 蒸馏水溶解,然后转移至 250mL 容量瓶中,用蒸馏水洗涤小烧杯 2~3 次,洗液全部转入容量瓶中,加蒸馏水至刻度线,充分混匀。

3. $KMnO_4$ 溶液浓度的标定 用移液管吸取 $Na_2C_2O_4$ 标准溶液 25.00mL,移入 250mL 锥形瓶中,加入 3mol · L^{-1} H_2SO_4 溶液 10mL,将溶液加热到有蒸汽冒出(75~85℃),但不能煮沸。在不断摇动下,用 $KMnO_4$ 溶液滴定。等第一滴紫红色褪去后再滴第二滴,滴定速率可逐渐加快,但不能使 $KMnO_4$ 溶液成线状流下。当滴定反应接近计量点时,紫红色褪去越来越慢,应减慢滴定速率,并不断摇匀,直到溶液呈浅红色,且在 30 秒钟内不褪色,即为滴定终点。记录滴定结果,重复上述操作两次。

五、数据处理

计算 $KMnO_4$ 标准溶液浓度的算式如下:

$$c\left(\frac{1}{5}KMnO_4\right)=\frac{m\times\frac{V_2}{V_1}}{V\left(\frac{1}{5}KMnO_4\right)\times M\left(\frac{1}{2}Na_2C_2O_4\right)}(mol \cdot L^{-1})$$

式中,m 为 $Na_2C_2O_4$ 的质量(g);

$$M\left(\frac{1}{2}Na_2C_2O_4\right)=67.00g \cdot moL^{-1}$$

V_1 为配成 $Na_2C_2O_4$ 标准溶液的总体积(mL);

V_2 为滴定时吸取 $Na_2C_2O_4$ 标准溶液的体积(mL);

$V\left(\frac{1}{5}KMnO_4\right)$为滴定时用去 $KMnO_4$ 溶液的体积(L)。

六、实验指导

1. 温度太高时,溶液中的草酸易分解:

$$H_2C_2O_4 \rightarrow CO_2\uparrow + CO\uparrow + H_2O$$

2. $KMnO_4$ 溶液的滴定速率不宜太快,否则,加入的 $KMnO_4$ 溶液来不及与 $H_2C_2O_4$ 反应,即在热的酸性溶液中分解:

$$4MnO_4^- + 12H^+ \rightarrow 4Mn^{2+} + 5O_2\uparrow + 6H_2O$$

3. $KMnO_4$ 滴定的终点不很稳定。由于空气中含有还原性气体及尘埃等杂质,能使 $KMnO_4$ 缓慢分解,从而使浅红色褪去,所以经过 30 秒钟不褪色,即可认为已达滴定终点。

4. 滴定过程中若发现产生棕色浑浊，表明滴定液酸度不足，应立即加入 H_2SO_4 补救，但若已达到终点，则应重做实验。

5. 锥形瓶中溶液的加热温度，可用手触摸瓶壁来控制。若手触瓶壁已感到烫手，即可。

6. 由于 $KMnO_4$ 溶液为有色溶液，因此，应从液面最高处读数。

七、思 考 题

1. 配制 $KMnO_4$ 标准溶液时为什么要将 $KMnO_4$ 溶液放置 7～10 天后才能过滤使用？

2. $KMnO_4$ 标准溶液为什么要避光保存？

3. 在 $KMnO_4$ 滴定中，为何要控制酸度、温度、滴定速率？

4. 装有 $KMnO_4$ 标准溶液的酸式滴定管使用后为何要立即清洗？若发现管壁上附着棕色沉积物，应如何除去？

（西安交通大学　关　放）

实验十四　双氧水中过氧化氢含量测定（高锰酸钾法）

一、实 验 目 的

掌握应用 $KMnO_4$ 法测定双氧水中 H_2O_2 含量的原理和方法。

二、实 验 原 理

在酸性溶液中，$KMnO_4$ 能将 H_2O_2 氧化而自身被还原，反应如下：

$$2MnO_4^- + 5H_2O_2 + 6H^+ \rightleftharpoons 2Mn^{2+} + 5O_2\uparrow + 8H_2O$$

由于 H_2O_2 受热易分解，滴定须在室温条件下进行。

质量浓度 $\rho(H_2O_2)=0.025\sim0.035\ kg\cdot L^{-1}$ 的双氧水是医药上常用的消毒剂。市售的双氧水极不稳定，滴定前需先用蒸馏水稀释，以减小取样误差。

三、实 验 用 品

1. 双氧水 $\rho(H_2O_2)=0.03kg\cdot L^{-1}$，$KMnO_4$ 标准溶液，$c(H_2SO_4)=3mol\cdot L^{-1}$。

2. 容量瓶（250mL），吸量管（5mL），移液管（25mL），锥形瓶（250mL），酸式滴定管（50mL），量筒（10mL）。

四、实 验 内 容

用吸量管移取 2.50mL 双氧水试样于 250mL 容量瓶中，加蒸馏水稀释至刻度线，充分摇匀，即为待测液。用移液管移取 25.00mL 的待测液于 250mL 锥形瓶中，加 $3mol\cdot L^{-1}$

H_2SO_4 溶液 10mL，混匀。用 $KMnO_4$ 标准溶液滴至浅红色，且浅红色在 30 秒钟内不褪去，即达滴定终点。记录结果，重复上述操作二次。

五、数据处理

计算 H_2O_2 质量浓度的公式如下：

$$\rho(H_2O_2)=\frac{c\left(\frac{1}{5}KMnO_4\right)\times V\left(\frac{1}{\left(\frac{1}{5}KM_nO_4\right)}\right)\times M\left(\frac{1}{2}H_2O_2\right)}{V(\text{试样})\times\frac{V_2}{V_1}}\ (g\cdot L^{-1})$$

式中，V(试样)为吸取原试样溶液的体积(mL)；

V_1 为配成双氧水待测溶液的总体积(mL)；

V_2 为滴定移取双氧水待测溶液的体积(mL)；

$V\left(\frac{1}{5}KMnO_4\right)$为滴定时所用去 $KMnO_4$ 溶液的体积(mL)；

$M\left(\frac{1}{2}H_2O_2\right)=17.01g\cdot moL^{-1}$。

六、实验指导

1. 双氧水的滴定切忌加热。
2. 其他实验注意事项同 $KMnO_4$ 溶液的标定。

七、思考题

1. 用 $KMnO_4$ 法测定双氧水中 H_2O_2 含量时，是否可以加热？为什么？
2. 若双氧水中含有乙酰苯胺等有机物稳定剂，是否可用 $KMnO_4$ 法准确测定？

(西安交通大学　李宝平)

实验十五　碘标准溶液的配制和标定

一、实验目的

1. 掌握碘标准溶液的配制与标定方法。
2. 熟悉直接碘量法的原理及操作。

二、实验原理

纯碘具有挥发性，故不宜用直接法配制碘标准溶液，通常先配制成近似浓度溶液再标定。碘在水中的溶解度很小，且容易挥发，故通常配制 I_2 标准溶液时，需加入过量的 KI，使其与 I_2 形成可溶性的 I_3^- 配离子，以增大 I_2 在水中的溶解度，同时降低其挥发性，而其电极电势却无显著变化。此外还需加入少量盐酸，以除去碘中微量碘酸盐杂质。空气中的氧可使 I^- 氧化，导致 I_2 浓度增大：

$$4I^- + O_2 + 4H^+ \rightleftharpoons 2I_2 + 2H_2O$$

光和热可加快此氧化过程，因此，配好的含有 KI 的 I_2 标准溶液应储存在棕色瓶中，置冷暗处保存。I_2 能缓慢腐蚀橡胶和其他有机物，故应避免与此类物质接触。

I_2 溶液浓度常用 As_2O_3 作为一级标准物质标定。由于 As_2O_3 难溶于水而可与碱液作用生成易溶于水的亚砷酸盐，故常以 NaOH 溶液溶解。

$$AsO_3 + 6NaOH \rightleftharpoons 2Na_3AsO_3 + 3H_2O$$

过量的 NaOH 用 H_2SO_4 中和。亚砷酸盐与 I_2 的反应为：

$$AsO_3^{3-} + I_2 + 2OH^- \rightleftharpoons AsO_4^{3-} + 2I^- + H_2O$$

随着滴定反应的进行，溶液的酸度增加，逆反应加速，使滴定反应不能定量完成，故该滴定反应应在碱性溶液中进行；但强碱性溶液（pH>9）又会引起 I_2 发生歧化反应，故通常此标定应在 $NaHCO_3$ 溶液（pH≈8）中进行。其滴定反应式为：

$$As_2O_3 + 2I_2 + 10OH^- \rightleftharpoons 2AsO_4^{3-} + 4I^- + 5H_2O$$

I_2 溶液的浓度也可在中性或弱酸性溶液中用已知准确浓度的 $Na_2S_2O_3$ 标准溶液来标定，反应为：

$$I_2 + 2S_2O_3^{2-} \rightleftharpoons 2I^- + S_4O_6^{2-}$$

三、实 验 用 品

I_2(AR)，KI(AR)，浓盐酸(AR)，As_2O_3(GR)，$c(NaOH) = 1mol \cdot L^{-1}$，$c(H_2SO_4) = 1mol \cdot L^{-1}$，$NaHCO_3$(AR)，$\rho$(淀粉) $= 5g \cdot L^{-1}$，ρ(甲基橙) $= 1g \cdot L^{-1}$。

棕色试剂瓶(250mL)，砂芯漏斗，酸式滴定管(50mL)，锥形瓶(250mL)。

四、实验内容及数据处理

1. I_2 溶液的配制　取 KI 10g 于小烧杯中，加水约 15mL，搅拌使其溶解。再取 I_2 3.3g 于此烧杯中，搅拌至 I_2 完全溶解后，加浓盐酸 1 滴，转移至棕色瓶中，用蒸馏水稀释至 250mL，摇匀，用砂芯漏斗过滤，滤液置于棕色瓶中，备用。

2. I_2 标准溶液的标定

(1) 用 As_2O_3 标定：准确称取在 105℃干燥至恒重的一级标准物质 As_2O_3 约 0.15 g，加 $1mol \cdot L^{-1}$ NaOH 溶液 10mL，微热使其溶解，加蒸馏水 20mL 与甲基橙指示剂 1 滴，加 $1mol \cdot L^{-1} H_2SO_4$ 溶液使溶液由黄色转变为粉红色，再加 $NaHCO_3$ 2g，蒸馏水 30mL，淀粉指示剂 2mL，用碘溶液滴定至浅蓝紫色，且浅蓝紫色在 30 秒钟内不褪去，即达滴定终点。记录消耗碘溶液的体积，重复上述操作两次。按下式计算碘标准溶液的浓度：

$$c\left(\frac{1}{2}I_2\right) = \frac{m(As_2O_3)}{M\left(\frac{1}{4}As_2O_3\right) \times V\left(\frac{1}{2}I_2\right)}$$

式中，$m(As_2O_3)$为称量 As_2O_3 的质量(g)；

$V\left(\frac{1}{2}I_2\right)$为滴定所消耗 I_2 标准溶液的体积(L)；

$M\left(\frac{1}{4}As_2O_3\right)=49.46\ g \cdot moL^{-1}$。

(2) 用 $Na_2S_2O_3$ 溶液标定：准确移取 I_2 溶液的体积 25.00mL 于碘量瓶中，加蒸馏水 100mL 及 4mol · L^{-1} HCl 溶液 5mL，用 0.1moL · L^{-1} Na_2S_2O 溶液滴定，至溶液颜色呈浅黄色时加淀粉指示剂 2mL，继续滴定至蓝色消失，即为终点，记录消耗 $Na_2S_2O_3$ 标准溶液的体积。重复上述操作两次。按下式计算碘标准溶液的浓度：

$$c\left(\frac{1}{2}I_3\right)=\frac{c(Na_2S_2O_3)\times V(Na_2S_2O_3)}{V\left(\frac{1}{2}I_2\right)}$$

式中，$V\left(\frac{1}{2}I_2\right)$为移取 I_2 标准溶液的体积(mL)；

$V(Na_2S_2O_3)$为滴定消耗 $Na_2S_2O_3$ 标准溶液的体积(mL)。

五、实 验 指 导

1. 碘必须溶解于浓 KI 溶液后，再加水稀释，否则，碘很难完全溶解。

2. 碘有腐蚀性，应在干净的烧杯中称量。

3. 在用 $Na_2S_2O_3$ 标准溶液标定 I_2 溶液时，应在临近终点时再加淀粉指示剂。若淀粉指示剂加入过早，则大量 I_2 与淀粉结合成蓝色物质，不易与 $Na_2S_2O_3$ 反应，故产生滴定误差。

4. 在 pH>9 时，会引起 I_2 发生歧化反应：$3I_2 + 6OH^- \rightleftharpoons 5I^- + IO_3^- + 3H_2O$

六、思　考　题

1. 配制碘标准溶液时为什么要加 KI？将称得的 KI 和 I_2 一次加水到 250mL 再搅拌是否可行？

2. 用 As_2O_3 标定 I_2 溶液时滴定反应为何要在 pH=8 的条件下进行？

3. 配制 I_2 标准溶液时，为什么要加入 1 滴盐酸？

(西安交通大学　关　放)

实验十六　硫代硫酸钠标准溶液的配制与标定

一、实 验 目 的

1. 掌握 $Na_2S_2O_3$ 溶液的配制和标定方法。

2. 了解标定 $Na_2S_2O_3$ 溶液的原理。

3. 掌握间接碘量法的测定条件。

二、实验原理

碘量法用的标准溶液主要有碘标准溶液和硫代硫酸钠标准溶液。硫代硫酸钠标准溶液的浓度可由直接碘量法测得(见实验十五);也可由间接碘量法测得。

硫代硫酸钠($Na_2S_2O_3 \cdot 5H_2O$)一般都含有少量杂质,如 S、Na_2SO_4、Na_2SO_3、Na_2CO_3 等,同时还容易风化与潮解,因此不能直接配制准确浓度的溶液。此外,配成的 $Na_2S_2O_3$ 溶液易受空气和微生物的作用而分解。为了减少溶解在水中的 CO_2 及 O_2 和杀死水中微生物,应用新煮沸后冷却的蒸馏水配制溶液并加入少量 Na_2CO_3 以防止 $Na_2S_2O_3$ 分解。

因日光能促进 $Na_2S_2O_3$ 溶液分解,故 $Na_2S_2O_3$ 溶液应储藏于棕色瓶中,放置暗处,经 8～14 天后再标定。长期使用的溶液,应定期标定。若低温保存,可每两月标定一次。

通常用 $K_2Cr_2O_7$ 作为一级标准物质标定 $Na_2S_2O_3$ 溶液的浓度。$K_2Cr_2O_7$ 先与 KI 作用析出 I_2:

$$Cr_2O_7^{2-} + 6I^- + 14H^+ = 2Cr^{3+} + 3I_2 + 7H_2O$$

析出的 I_2 再用 $Na_2S_2O_3$ 溶液滴定:

$$2S_2O_3^{2-} + I_2 = S_4O_6^{2-} + 2I^-$$

$Na_2S_2O_3$ 标准溶液的此种标定方法为间接碘量法。

三、实验用品

1. KI(AR),浓盐酸(AR),$Na_2S_2O_3 \cdot 5H_2O$(AR),Na_2CO_3(AR),$K_2Cr_2O_7$(GR),$c(NaOH) = 1mol \cdot L^{-1}$,$c(H_2SO_4) = 3\ mol \cdot L^{-1}$,$\rho$(淀粉)$= 5g \cdot L^{-1}$,$\rho$(甲基橙)$= 1g \cdot L^{-1}$。

2. 棕色试剂瓶(1000mL),碘量瓶(250mL),砂芯漏斗,烧杯(500、50mL),容量瓶(250mL),移液管(25mL)。

四、实验内容

1. $Na_2S_2O_3$ 标准溶液的配制　称取 25g $Na_2S_2O_3 \cdot 5H_2O$ 于 500mL 烧杯中,加入 300mL 新煮沸已冷却的蒸馏水,待完全溶解后,加入 0.2g Na_2CO_3,然后用同样的蒸馏水稀释至 1L,储于棕色瓶中,在暗处放置 7～14 天后标定。

2. $K_2Cr_2O_7$ 标准溶液的配制　称取于 105～110℃烘干 2 小时并冷却恒重的重铬酸钾 1.2258g,溶于蒸馏水,移入 250mL 容量瓶中,用蒸馏水稀释至刻线,摇匀。其浓度 $c\left(\frac{1}{6}K_2Cr_2O_7\right) = 0.1000mol \cdot L^{-1}$。

3. $Na_2S_2O_3$ 标准溶液浓度的标定　于 250mL 碘量瓶中,加入 100mL 水和 2g 碘化钾,加入 $0.1000mol \cdot L^{-1}$ $K_2Cr_2O_7$ 标准溶液 25.00mL,$3mol \cdot L^{-1}$ H_2SO_4 溶液 5mL,加塞,摇匀。于暗处静置 5 分钟后,用待标定的 $Na_2S_2O_3$ 溶液滴定至溶液呈淡黄色,加入 1mL 淀粉溶液,继续滴定至蓝色刚好褪去为止,即为终点,记录用量。

五、数 据 处 理

按下式计算 $Na_2S_2O_3$ 标准溶液浓度：

$$c(Na_2S_2O_3)=\frac{25.00\times0.1000}{V(Na_2S_2O_3)}$$

式中，$V(Na_2S_2O_3)$为滴定所消耗 $Na_2S_2O_3$ 溶液的体积(mL)。

六、实 验 指 导

1. $K_2Cr_2O_7$ 与 KI 的反应不是立刻完成的，故在上述条件下，需避光静置 5 分钟后，方可用 $Na_2S_2O_3$ 标准溶液滴定。

2. 滴定完成的溶液放置后会变蓝色，经数分钟后才变蓝是由于被空气中氧气氧化所致。若溶液很快且不断变蓝，说明 $K_2Cr_2O_7$ 与 KI 的反应进行得不完全，实验应重做。

3. 滴定生成的 Cr^{3+} 显蓝绿色，但经大量稀释后，Cr^{3+} 浓度降低，蓝绿色变为很浅的绿色，故终点时溶液中碘淀粉配合物的蓝色褪去，易于观察。

七、思　考　题

1. 用 $K_2Cr_2O_7$ 标准溶液标定 $Na_2S_2O_3$ 溶液时，为什么要加入过量的 KI？为什么要加 HCl 溶液？

2. 为什么用直接碘量法滴定 $Na_2S_2O_3$ 溶液时应预先加入淀粉指示剂，而用间接碘量法标定 $Na_2S_2O_3$ 溶液浓度时须在临近滴定终点时才加入淀粉指示剂？

(西安交通大学　关　放)

实验十七　维生素 C 的含量测定（直接碘量法）

一、实 验 目 的

1. 掌握 $Na_2S_2O_3$ 标准溶液的配制方法。
2. 掌握直接碘量法及其操作。

二、实 验 原 理

碘量法是一种应用较广的氧化还原滴定分析法，其基本反应式为：

$$2S_2O_3^{2-}+I_2=S_4O_6^{2-}+2I^-$$

可以利用 I_2 的氧化性直接滴定一些还原性强的物质，如测定药片中维生素 C 的含量。维生素 C 又叫抗坏血酸，分子式为 $C_6H_8O_6$。其分子中的烯二醇基具有还原性，能被 I_2

定量地氧化成二酮基，反应式如下：

$$C_6H_8O_6 + I_2 = C_6H_6O_6 + 2HI$$

由于维生素C还原性很强，在空气中易被氧化，在碱性介质中尤甚，故测定时加入HAc使溶液呈弱酸性，以减少维生素C的副反应。

三、实验用品

1. I_2(AR)，KI(AR)，浓盐酸(AR)，$Na_2S_2O_3 \cdot 5H_2O$(AR)，$Na_2C_2O_3$(AR)，$K_2Cr_2O_7$(GR)，VC药片，$c(NaOH)=1mol \cdot L^{-1}$，$c(H_2SO_4)=3\ mol \cdot L^{-1}$，$\rho$(淀粉)$=5g \cdot L^{-1}$，$\rho$(甲基橙)$=1g \cdot L^{-1}$。

2. 烧杯(500、50mL)，容量瓶(1000、250mL)，移液管(25mL)，酸式滴定管(50mL)，碘量瓶(250mL)。

四、实验内容

1. $K_2Cr_2O_7$标准溶液的配制　见实验十六。

2. $Na_2S_2O_3$标准溶液的配制与标定　见实验十六。

3. I_2标准溶液的配制与标定　见实验十五。

4. 维生素C含量的测定　称取维生素C药片0.2g，加新煮沸并放凉的蒸馏水100mL，$6mol \cdot L^{-1}$ HAc溶液10mL，淀粉指示剂2mL，立即用I_2标准溶液滴定至蓝色，即为终点。重复上述操作两次，记录用量。

五、数据处理

按下式计算维生素C的含量：

$$w(VC)=\frac{2c\left(\frac{1}{2}I_2\right) \times V\left(\frac{1}{2}I_2\right) \times M(C_6H_8O_6)}{m(\text{试样})}$$

式中，w(VC)为试样VC的质量分数；

$V\left(\frac{1}{2}I_2\right)$为滴定消耗$I_2$标准溶液的体积(L)；

$$M(C_6H_8O_6)=176.12\ g \cdot mol^{-1}$$

m(试样)为称取维生素C的质量(g)。

六、实验指导

1. 维生素C的结构式为

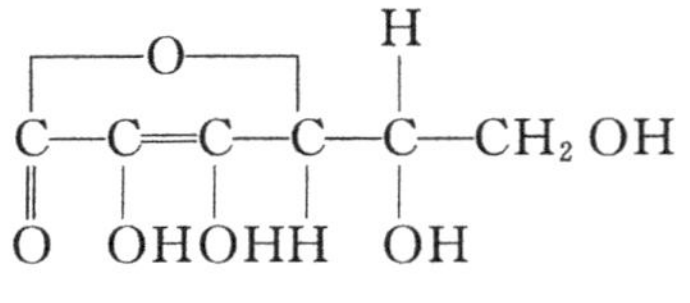

其与碘反应的氧化产物为 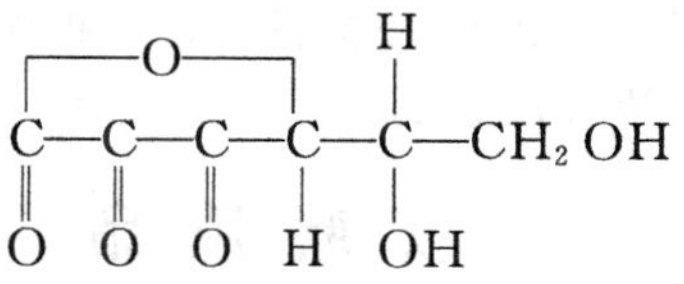

2. 维生素 C 应在干燥的条件下避光保存，以免氧化或分解。

3. 维生素 C 易被空气中的氧缓慢氧化而影响测定结果，故当其溶于稀 HAc 后，应立即进行滴定。

七、思　考　题

1. 碘量法为什么既可测定还原性物质，又可测定氧化性物质？

2. 测定维生素 C 的溶液为何要加稀 HAc？

3. 测定维生素 C 的含量时，为何要用新煮沸并放凉的蒸馏水溶解试样？为何要立即滴定？

（西安交通大学　关　放）

实验十八　EDTA 标准溶液的配制和标定

一、实 验 目 的

1. 掌握 EDTA 标准溶液的配制和标定方法。

2. 了解配位滴定的原理和特点。

3. 熟悉铬黑 T 指示剂滴定终点的判断。

二、实 验 原 理

EDTA 标准溶液常用乙二胺四乙酸二钠（$Na_2H_2Y \cdot 2H_2O$）配制，因不易得纯品，故用间接法配制，再用一级标准物质标定其准确浓度。标定 EDTA 溶液常用的一级标准物质有 Zn、ZnO、$CaCO_3$、Bi、Cu、$MgSO_4 \cdot 7H_2O$ 等。通常选用其中与被测物组分相同的物质作一级标准物质，这样，滴定条件一致，可减小系统误差。本实验选用 $CaCO_3$ 作一级标准物质。

以 $CaCO_3$ 为一级标准物质标定其浓度，滴定是在 pH≈10 的条件下进行的，以铬黑 T 为指示剂（以 HIn^{2-} 表示），溶液由紫红色变为纯蓝色，即为终点。其变色原理如下：

$$Ca^{2+} + \underset{\text{纯蓝色}}{HIn^{2-}} \rightleftharpoons \underset{\text{紫红色}}{CaIn^{-}} + H^{+}$$

用 EDTA 溶液滴定时，由于 EDTA 能与 Ca^{2+} 离子形成比 $CaIn^-$ 配离子更稳定的配离子，因此在滴定终点附近，$CaIn^-$ 配离子不断转化为更稳定的 CaY^{2-} 配离子，而铬黑 T 指示剂则被游离出来，其反应可表示如下：

$$\underset{\text{紫红色}}{CaIn^{-}} + H_2Y^{2-} \rightleftharpoons CaY^{2-} + \underset{\text{纯蓝色}}{HIn^{2-}} + H^{+}$$

被滴定的溶液中，应不含 Fe^{3+}、Al^{3+}、Cu^{2+}、Mg^{2+} 等杂质离子，否则将会影响对终点的观察，甚至使滴定不能进行。可用三乙醇胺掩蔽 Fe^{3+} 和 Al^{3+}；用 Na_2S、KCN 掩蔽 Cu^{2+}、Pb^{2+}、Zn^{2+} 等；Mg^{2+} 的干扰可用盐酸羟胺消除。

三、实验用品

1. $CaCO_3$(AR)，$c(HCl)=6mol \cdot L^{-1}$，乙二胺四乙酸二钠(AR)，NH_3-NH_4Cl 缓冲液(pH≈10)，铬黑 T 指示剂，$MgSO_4 \cdot 7H_2O$ (AR)。

2. 碱式滴定管(50mL)，容量瓶(250mL)，移液管(25mL)，锥形瓶(250mL)，试剂瓶(1L)，量筒(20、10mL)，烧杯(100mL)，表面皿。

四、实验内容

1. 0.01mol·L^{-1}EDTA 溶液配制　在台秤上称取乙二胺四乙酸二钠 3.8g 和 $MgSO_4 \cdot 7H_2O$ 0.1g 溶于约 300mL 水中，稀释至 1L，如混浊，应过滤。转移至 1 L 试剂瓶中，摇匀。

2. EDTA 溶液的标定　准确称取在 110℃ 干燥 2 小时后的一级标准物质 $CaCO_3$ 0.25～0.3 g 于 100mL 烧杯中，盖上表面皿。在烧杯中加水 10mL，再从杯嘴逐滴加入 6mol·L^{-1} 的盐酸溶液至完全溶解。煮沸数分钟，以除去 CO_2，用水把可能溅到表面皿上的溶液洗入烧杯。冷却后，将溶液定量转移入 250mL 容量瓶中，稀释至刻度并摇匀。

用移液管吸取钙溶液 25.00mL，置于 250mL 锥形瓶中，加蒸馏水 25mL、NH_3-NH_4Cl 缓冲溶液 10mL 和铬黑 T 指示剂 5 滴，摇匀，用 EDTA 溶液滴定至纯蓝色，计算 EDTA 溶液的准确浓度。

五、实验指导

1. EDTA·2Na 盐溶解慢，可加热促溶或放置过夜。

2. EDTA 标准溶液应储于硬质玻璃瓶中，如聚乙烯塑料瓶储存更好。

3. 配位反应进行的速率较慢(不像酸碱反应能在瞬间完成)，故滴定时加入 EDTA 溶液不能太快，在室温低时，尤其要注意。特别是临近终点时，应逐滴加入，并充分振摇。

4. 配位滴定中，加入指示剂的量是否适当对于终点的观察十分重要，宜在实践中总结经验，加以掌握。

六、思考题

1. 标定时，为什么要在 pH≈10 的条件下进行？

2. 配位滴定法与酸碱滴定法相比，有哪些不同点？操作中应注意哪些问题？

(山西医科大学　王浩江)

实验十九　水的硬度测定

一、实验目的

1. 了解水硬度测定的意义和常用的水硬度表示方法。

2. 掌握 EDTA 滴定法测定水硬度的原理和方法。

二、实验原理

水的总硬度是指 Ca^{2+}、Mg^{2+} 的总浓度。测定水的总硬度就是水中钙、镁总量。水中钙镁的酸式碳酸盐加热时能被分解，析出沉淀而除去，这种盐所形成的硬度称为暂时硬度。水中钙镁的其他盐类如硫酸盐、氯化物等，经加热不能分解，这种盐形成的硬度称为永久硬度。暂时硬度和永久硬度的总和称为总硬度。

硬度对工业用水影响很大，尤其是锅炉用水，硬度较高的水都要经过软化处理并经滴定分析达到一定标准后才能输入锅炉。生活饮用水中的硬度过高会影响肠胃的消化功能，我国的生活饮用水卫生标准规定（$CaCO_3$ 计算）不得超过 450mg · L^{-1}。

水中钙、镁离子含量，常用 EDTA 滴定法测定。以铬黑 T 为指示剂，控制溶液的酸度为 pH≈10，用 EDTA 标准溶液滴定。滴定反应式为

$$M + In \rightleftharpoons MIn(\text{紫红色})$$

$$MIn + Y \rightleftharpoons In\,(\text{纯蓝色}) + MY$$

铬黑 T 首先与钙镁离子生成能溶于水的紫红色配合物 MIn，当达到计量点时，所有金属离子都与 EDTA 结合，溶液就显示出铬黑 T 自身的纯蓝色。由 EDTA 标准溶液的浓度和用量，即可计算出水的总硬度。

水硬度的表示方法很多，有将水中的盐类都折算成 $CaCO_3$ 的 $CaCO_3$ 硬度，也有将盐类折算成 CaO 的 CaO 硬度。本书采用我国目前常用的 CaO 硬度表示方法，即 1 硬度单位表示十万份水中含 1 份 CaO（10mgCaO/L 水）。

$$\text{硬度}(^\circ)=\frac{c(\text{EDTA})\cdot V(\text{EDTA})\cdot \frac{M(\text{CaO})}{1000}}{V(\text{水样})}\times 10^5$$

式中，c(EDTA)为 EDTA 标准溶液的浓度（mol · L^{-1}）；

V(EDTA)为滴定时用去的 EDTA 标准溶液的体积（mL）；

V(样)为水样体积（mL）；

M(CaO)为 CaO 的摩尔质量（g · mol^{-1}）。

若水中有 Fe^{3+}，Al^{3+} 存在，则会对测定有一定的干扰，可用三乙醇胺掩蔽。如需分别测定水的钙硬度和镁硬度，可加 NaOH 溶液使水样的 pH 为 12～13，使 Mg^{2+} 形成 $Mg(OH)_2$ 沉淀，以钙指示剂指示终点（红～蓝），用 EDTA 标准溶液滴定水样中的钙分量。镁分量即可由总量与钙分量之差求得。

三、实验用品

1. EDTA 标准溶液，NH_3-NH_4Cl 缓冲溶液（pH≈10），铬黑 T 指示剂，水样。
2. 碱式滴定管（50mL），移液管（100mL），锥形瓶（250mL），量筒（20mL）。

四、实验内容

量取澄清的水样 100mL，放入 250mL 锥形瓶中，加入 NH_3-NH_4Cl 缓冲液 5mL，摇匀。

再加铬黑 T 指示剂 2～3 滴，摇匀，此时溶液呈紫红色。以 EDTA 标准溶液滴定至纯蓝色，即为终点，计算水的总硬度。

五、实验指导

1. EDTA 应储存在聚乙烯塑料瓶或硬质玻璃瓶中，若储存于软质玻璃瓶中，会不断溶解玻璃中的 Ca^{2+} 形成 CaY^{2-}，使 EDTA 浓度不断降低。

2. 取样量仅适于硬度按 $CaCO_3$ 计算为 1°～25°的水样，若硬度大于 25°，则取样量应相应减少。

3. 配位滴定速度较慢，故滴定时加入 EDTA 溶液的速度不能太快，特别是临近终点时，应逐滴加入，并充分振摇。

4. 若水样不是澄清的，必须过滤。

5. 由于 $CaIn^-$ 的显色的灵敏度比 $MgIn^-$ 差得多，因此，当待测溶液中含 Mg^{2+} 量较低时，终点变色不敏锐，可在未标定的 EDTA 溶液中加入适量 Mg^{2+}。

六、思考题

1. 水的硬度决定于哪些因素？暂时硬度和永久硬度有何区别？
2. 用 EDTA 法测定水的总硬度时，溶液 pH 如何控制？
3. 用 EDTA 法测定水的硬度时，一般哪些离子的存在有干扰？如何消除？

（山西医科大学　王浩江）

实验二十　铅铋合金中 Pb^{2+}、Bi^{3+} 含量的连续测定

一、实验目的

1. 学习通过控制溶液酸度对 Pb^{2+}、Bi^{3+} 进行连续滴定的原理和方法。
2. 掌握二甲酚橙指示剂的使用条件和终点的确定。

二、实验原理

Pb^{2+}、Bi^{3+} 均能与 EDTA 形成稳定的 1∶1 配合物，$\lg K_S^T$ 值分别为 18.04 和 27.94。由于两者的 $\lg K_S^T$ 值相差很大，故可利用酸效应，控制不同的酸度，分别进行滴定。通常在 pH≈1 时滴定 Bi^{3+}，在 pH≈5～6 时滴定 Pb^{2+}。

在 Pb^{2+}-Bi^{3+} 混合液中，首先调节溶液的 pH≈1，以二甲酚橙为指示剂，用 EDTA 标准溶液滴定 Bi^{3+}。此时，Bi^{3+} 与指示剂形成红紫色配合物，然后用 EDTA 标准溶液滴定 Bi^{3+} 至溶液由红紫色变为亮黄色，即为滴定 Bi^{3+} 的终点。

在滴定 Bi^{3+} 后的溶液中，加入六次甲基四胺溶液，调节溶液 pH＝5～6，此时 Pb^{2+} 与二甲酚橙形成红紫色配合物，溶液再呈现红紫色，然后用 EDTA 标准溶液继续滴定至溶液由

红紫色变为亮黄色时，即为滴定 Pb^{2+} 的终点。

三、实验用品

1. 乙二胺四乙酸二钠(AR)，Pb-Bi 合金，$c(HNO_3)=0.1mol\cdot L^{-1}$，稀 HNO_3(1∶2)，稀盐酸(1∶1)，ρ(六次甲基四胺)$=200g\cdot L^{-1}$，ρ(二甲酚橙)$=2g\cdot L^{-1}$。

2. 烧杯(100mL)，移液管(25mL)，锥形瓶(250mL)，碱式滴定管(50mL)，容量瓶(100mL)，量筒(10mL)。

四、实验内容

1. EDTA 溶液的标定　参照实验十八。

2. Bi^{3+}-Pb^{2+} 混合液的连续测定　准确称取铅铋合金试样 0.5～0.6g 于 100mL 烧杯中，加入 HNO_3(1∶2)溶液 6～7mL，盖上表面皿，用小火加热使其完全溶解(不可煮沸，溶解完毕即停止加热)，趁热用洗瓶吹洗表面皿和杯壁。待试液完全冷却后，将其定量转移至 100mL 容量瓶中，用 $0.1mol\cdot L^{-1}$ 的 HNO_3 溶液稀释至刻度，摇匀。

用移液管量取 25.00mL Pb^{2+}-Bi^{3+} 混合液，移入 250mL 锥形瓶中，然后，再加入 $0.1mol\cdot L^{-1}$ 的 HNO_3 溶液 10mL，加入二甲酚橙指示剂 1～2 滴，用 EDTA 标准溶液滴定至溶液由红紫色变为亮黄色，即为 Bi^{3+} 的终点。根据消耗的 EDTA 体积，计算混合液中 Bi^{3+} 的含量。

在滴定 Bi^{3+} 后的溶液中，滴加 $200g\cdot L^{-1}$ 的六次甲基四胺溶液，至呈现稳定的红紫色后，再过量加入 5mL，此时溶液的 pH 约为 5～6。用 EDTA 标准溶液滴定至亮黄色，即为终点。根据滴定结果，计算混合液中 Pb^{2+} 的含量。

五、实验指导

Bi^{3+} 与 EDTA 反应的速度较慢，滴 Bi^{3+} 时速度不宜过快，且要激烈摇动。

六、思　考　题

1. 实验中，能否先在 pH＝ 5～6 的溶液中测定 Pb^{2+} 和 Bi^{3+} 的含量，然后再调整 pH≈1 时测定 Bi^{3+} 的含量？

2. 试分析本实验中，金属指示剂由滴定 Bi^{3+} 到调节 pH＝5～6，滴定 Pb^{2+} 后终点变色的过程和原因。

3. 本实验为什么不能用 HAc 缓冲溶液代替六次甲基四胺缓冲溶液？

(西安交通大学　刘宏浪)

第四章　仪器分析实验

实验二十一　缓冲溶液的性质及pH计的使用

一、实验目的

1. 了解缓冲溶液的配制方法。
2. 学会使用pH计测定溶液的pH。
3. 熟悉缓冲溶液的性质。

二、实验原理

缓冲溶液是指能抵抗外加的少量强酸、强碱和稍加稀释而pH保持相对稳定的溶液。一般由浓度适宜的弱酸及其共轭碱或弱碱及其共轭酸所组成。根据Henderson-Hasselbalch方程，对于$HB\text{-}B^-$组成的缓冲溶液：$pH = pK_a + \lg\dfrac{[B^-]}{[HB]}$；对于$B\text{-}BH^+$组成的缓冲溶液：$pH = pK_w - pK_b + \lg\dfrac{[B^-]}{[HB]}$，计算所需共轭碱和共轭酸的用量。缓冲溶液的配制也可查阅化学手册。

pH计又称酸度计，是一种电化学测量仪器。其原理主要是利用一对电极（指示电极与参比电极）在不同pH溶液中产生不同的电动势，经过一组转换器转变为电流，在微安计上以pH读出。其中指示电极的电极电势要随被测溶液的pH变化，通常使用的是玻璃电极；而参比电极的电极电势则要求与被测溶液的pH无关，通常使用甘汞电极。将玻璃电极和甘汞电极插入待测溶液，就形成一原电池，其电动势为$E = E(\text{甘汞}) - E(\text{玻})$；$E(\text{玻}) = K(\text{玻}) - \dfrac{2.303RT}{F}\text{pH}$（玻璃电极、甘汞电极构造及原理见附录），则电动势为：$E = E(\text{甘汞}) - K(\text{玻}) + \dfrac{2.303RT}{F}\text{pH}$。将玻璃电极和甘汞电极同时分别插入已知标准pH的缓冲溶液和待测溶液中，即可得到

$$E_S = E(\text{甘}) - K(\text{玻}) + \frac{2.303RT}{F}\text{pH}_S \qquad (1)$$

$$E_{\text{未}} = E(\text{甘}) - K(\text{玻}) + \frac{2.303RT}{F}\text{pH}_{\text{未}} \qquad (2)$$

(2)-(1)式，得$\text{pH}_{\text{未}} = \text{pH}_S + \dfrac{[E(\text{未}) - E(S)]F}{2.303RT}$，式中$\text{pH}_{\text{未}}$为待测液溶液的pH，pH计通常把测得的电动势直接用pH表示出来。（pH计的使用方法见附录）。

本实验所配制的缓冲溶液如下：

$c(NaH_2PO_4)=0.100mol\cdot L^{-1}/c(Na_2HPO_4)=0.100mol\cdot L^{-1}$ 缓冲溶液的配合比及 pH

$V_{NaH_2PO_4}:V_{Na_2HPO_4}$	9∶1	8∶2	7∶3	6∶4	5∶5	4∶6	3∶7	2∶8	1∶9
pH(文献值)	5.91	6.24	6.47	6.64	6.81	6.98	7.17	7.38	7.73

三、实验用品

1. $c(NaH_2PO_4)=0.100mol\cdot L^{-1}$，$c(Na_2HPO_4)=0.100mol\cdot L^{-1}$，$c(NaOH)=0.10mol\cdot L^{-1}$，$c(HCl)=0.10mol\cdot L^{-1}$，$c(KHC_8H_4O_4)=0.0500mol\cdot L^{-1}$。

2. pH 计，复合电极，酸式滴定管(50mL)，碱式滴定管(50mL)，烧杯(100、50mL)，温度计，滤纸片。

四、实验内容

(一) 具有一定 pH 缓冲溶液的配制

将 $0.100mol\cdot L^{-1}$ NaH_2PO_4 溶液和 $0.100mol\cdot L^{-1}$ Na_2HPO_4 溶液分别装入酸式滴定管和碱式滴定管中。依上表分别配制 pH 为 5.91、6.47、7.17、7.73 的缓冲溶液各 40mL 及 pH 为 6.81 的缓冲溶液 80mL。

(二) 缓冲溶液 pH 的测定

1. 按照 pH 计的使用方法对 pH 计进行调零、标定。

2. 用标定完成的 pH 计分别测定上述已配好的缓冲溶液 pH。记录数据，并与文献值相比较。

(三) 缓冲溶液的性质

1. 将 80mL pH 为 6.81 的缓冲溶液平均分配于两个小烧杯中。在其中一个小烧杯中滴入 5 滴 $0.100mol\cdot L^{-1}$ HCl 溶液，混匀。测定溶液的 pH。再滴入 $0.100mol\cdot L^{-1}$ NaOH 溶液 10 滴，混匀，测定溶液的 pH。在另一个烧杯中，加入 5mL 水，混匀，测定溶液的 pH。记录数据，观察溶液 pH 的变化。

2. 量取 40mL 蒸馏水置于烧杯中，测定 pH。滴入 5 滴 $0.100mol\cdot L^{-1}$ HCl 溶液，混匀，测定溶液的 pH；再滴入 10 滴 $0.100mol\cdot L^{-1}$ NaOH 溶液，混匀，测定溶液的 pH。记录数据，观察溶液 pH 的变化。比较以上实验结果，可得出什么结论？

五、实验指导

1. 每次测定溶液 pH 之前，应用蒸馏水将电极充分冲洗，并用滤纸吸干。

2. 滴加了酸或碱的溶液，在测定前应充分混匀。

六、思考题

1. 什么叫缓冲溶液？试举一例简单说明它为什么具有缓冲作用？

2. 在使用电极时应注意什么问题?

（西安交通大学　刘宏浪）

实验二十二　醋酸解离度和解离常数的测定

一、实验目的

1. 掌握测定醋酸解离度和解离常数的原理和方法。
2. 进一步练习酸碱滴定分析操作。进一步掌握用酸度计测定溶液 pH 方法。

二、实验原理

醋酸(HAc)是一元弱酸,在水溶液中存在着下列解离平衡:

$$HAc \rightleftharpoons H^+ + Ac^-$$

其解离常数的表达式为:

$$K_a=\frac{[H^+][Ac^-]}{[HAc]}$$

$[H^+]$、$[Ac^-]$、$[HAc]$分别为 HAc 解离平衡时,H^+、Ac^-、HAc 的浓度。

设醋酸的起始浓度为 c_0 mol·L^{-1},解离达到平衡时,$[H^+]=[Ac^-]$,$[HAc]=c_0-[H^+]$,代入上式得:

$$K_a=\frac{[H^+]^2}{c_0-[H^+]} \tag{1}$$

根据解离度 $\alpha=\frac{\text{已解离电解质分子总数}}{\text{解离前电解质的分子总数}}$得:

$$\alpha=\frac{[H^+]}{c_0} \tag{2}$$

醋酸的起始浓度 c_0 mol·L^{-1} 可用已知准确浓度的 NaOH 溶液滴定测得;$[H^+]$可用 pH 计测得,代入(1)、(2)式,即可求得醋酸解离度 α 和解离常数 K_a。为了提高测量准确度,通常要测定一系列不同浓度的醋酸溶液,最后求其平均值,其平均值即为该温度下醋酸的解离常数。

三、实验用品

1. 邻苯二甲酸氢钾(AR),c(NaOH)=0.2mol·L^{-1},c(HAc)=0.2mol·L^{-1},pH=4.00 标准缓冲溶液,pH=6.86 标准缓冲溶液,酚酞指示剂。

2. pH 计,复合电极,碱式滴定管(50mL),移液管(25mL),吸量管(5mL),容量瓶(50mL),锥形瓶(250mL),烧杯(50mL),玻璃棒,滤纸片。

四、实验内容

1. NaOH溶液浓度的标定　准确称取0.8～1.2g一级标准物质邻苯二甲酸氢钾($KHC_8H_4O_4$)三份，分别置于250mL锥形瓶中，加20～30mL蒸馏水溶解，加入1～2滴酚酞指示剂，用NaOH溶液滴定至溶液呈微红色，30秒钟不褪色即为终点。计算NaOH溶液浓度。

2. HAc溶液浓度的标定　用移液管吸取约0.2mol·L^{-1} HAc溶液25.00mL置入锥形瓶中，加入酚酞指示剂1～2滴，用NaOH标准溶液滴定至溶液呈粉红色，持续30秒钟不褪色为止。记录所消耗的NaOH体积数。重复操作，平行滴定直至标准溶液消耗的体积差不超过0.04mL为止。取其平均值，计算HAc溶液的准确浓度。将实验结果填入表4-1。

表4-1　HAc溶液浓度的滴定结果

序号	1	2	3
NaOH溶液的浓度(mol·L^{-1})			
HAc溶液的用量(mL)			
NaOH溶液的用量(mL)			
HAc浓度测定值			
平均值(mol·L^{-1})			

3. 配制不同浓度HAc溶液　用吸量管分别吸取HAc标准溶液2.50、5.00、25.00mL置于3个洁净的50mL容量瓶中，用蒸馏水稀释至刻度，摇匀，按由稀到浓的次序标记序号。

4. 测定不同浓度HAc溶液的pH，并计算a和K_a　将以上配制的3种不同浓度的HAc溶液分别加入干燥的50mL烧杯中，另取1干燥的烧杯，加入HAc标准溶液。按序号在pH计上分别测定其pH。记录数据和室温，计算解离度和解离常数，完成表4-2。

表4-2　醋酸解离度和解离常数的实验结果

室温：________℃

序号	c(HAc)/mol·L^{-1}	pH	$c(H^+)$/mol·L^{-1}	解离度a	解离常数K_a	
					计算值	平均值
1						
2						
3						
4						

五、实验指导

1. 868型pH计的使用方法见附录。
2. 电极的介绍见附录。
3. 本实验是一个从配制、标定到测定溶液pH的综合操作过程，每一步的差错都会影响实验结果，但本实验误差主要来源于 pH 的测定，因此要特别注意正确使用 pH 计以保证 pH 的准确性。

六、思　考　题

1.“解离度越大，酸度就越大”，这句话是否正确？

2. 改变所测 HAc 溶液的浓度或温度，解离度和解离常数有无变化？若有变化，会有怎样的变化？

（西安交通大学　慕　慧）

实验二十三　磷酸的电势滴定

一、实验目的

1. 掌握电势滴定法操作及确定终点的方法。
2. 掌握测定磷酸电势滴定曲线及磷酸试液浓度的方法。
3. 了解磷酸的解离平衡常数 K_{a1} 及 K_{a2} 的测定方法。

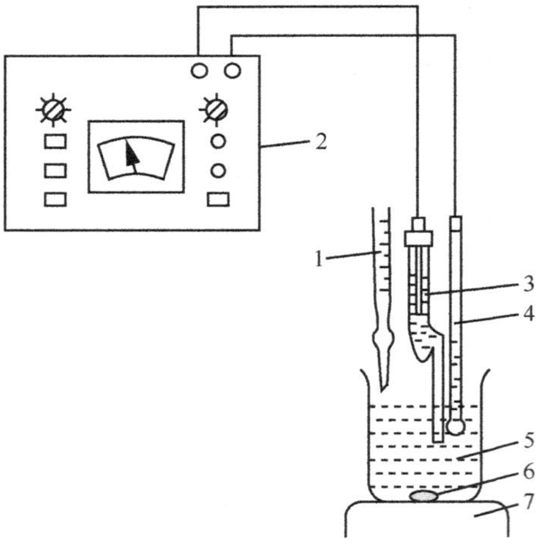

图 4-1　磷酸电势滴定装置

1. 滴定管；2. pH 计；3. 饱和甘汞电极；4. 玻璃电极；5. 试液；6. 磁子；7. 电磁搅拌器

二、实验原理

电势滴定法是以指示电极电势（或 pH）的突跃确定滴定终点的方法。进行磷酸电势滴定的装置如图 4-1 示，是以玻璃电极为指示电极（负极）、饱和甘汞电极为参比电极（正极）或直接用复合电极，连接在 pH 计上，将电极浸入磷酸试液中，用 NaOH 标准溶液进行滴定。

以滴定中消耗的 NaOH 标准溶液的体积 V（mL）及相应的溶液 pH 绘制 pH-V 滴定曲线（见图 4-2）。曲线上有两个滴定突跃，第一滴定突跃 pH 范围为 4.0～5.0，第二滴定突跃 pH 范围为 9.0～10.0。化学计量点可用作图法求得，如图 4-3 示，在滴定曲线两端平坦转折处作两条相互平行且与横坐标成 45°倾斜的切线Ⅰ、Ⅱ；作Ⅰ、Ⅱ间距离的等分线Ⅲ，Ⅲ应与Ⅰ、Ⅱ平行且交滴定曲线于 O 点，O 点称为拐点。过 O 点分别向两坐标轴做垂线，与两坐标的垂足即化学计量点的 pH_e 值和滴定剂体积 V_e。为更准确地确定化学计量点，还可用 $\frac{\rho\,pH}{\rho\,V}-\bar{V}$ 曲线法及二阶微商内插法进行。

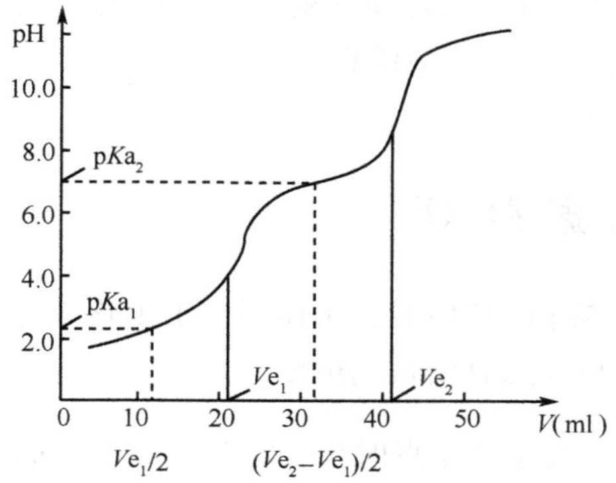

图 4-2　磷酸电势滴定曲线

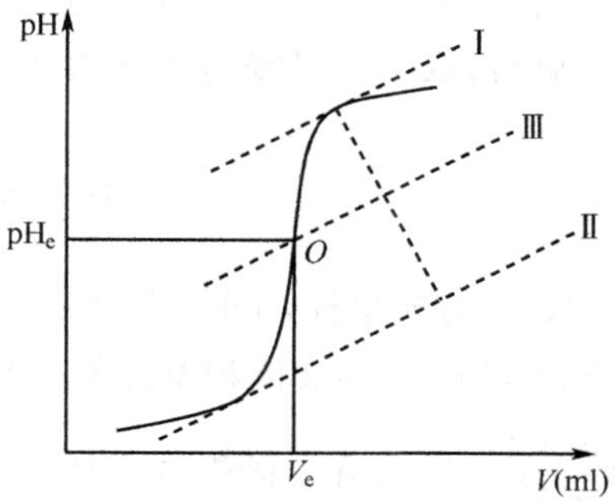

图 4-3　作图法求化学计量点

电势法绘制的 pH-V 滴定曲线不仅可确定化学计量点，求算磷酸试样的浓度，而且也可求算出 H_3PO_4 的解离平衡常数 K_{a_1} 及 K_{a_2}。

磷酸为三元酸，用 NaOH 标准溶液滴定时，有两个滴定突跃，滴定反应如下：

$$H_3PO_4 + NaOH \rightleftharpoons NaH_2PO_4 + H_2O$$

$$NaH_2PO_4 + NaOH \rightleftharpoons Na_2HPO_4 + H_2O$$

当用 NaOH 标准溶液滴定至生成的 NaH_2PO_4 浓度和剩余的 H_3PO_4 浓度相等时，即第一半中和点时，溶液中的氢离子浓度就等于解离平衡常数 K_{a_1}。

$$K_{a_1} = \frac{[H^+][H_2PO_4^-]}{[H_3PO_4]}$$

第一半中和点时，$[H_3PO_4]=[H_2PO_4^-]$，所以，$K_{a_1}=[H^+]$即 $pK_{a_1}=pH$（第一半中和点对应的 pH 即为 pK_{a_1}）。同理，第二半中和点对应的 pH 即为 pK_{a_2}。

在 pH-V 滴定曲线上很容易求得 pK_{a_1} 及 pK_{a_2}（图 4-2）。

三、实验用品

1. $c(NaOH)=0.1moL \cdot L^{-1}$ 标准溶液，$c(KHC_8H_4O_4)=0.05moL \cdot L^{-1}$ 标准缓冲液（pH=4.00），$c(H_3PO_4)=0.1moL \cdot L^{-1}$ 试样溶液。

2. 868 型 pH 计，pH 复合电极，电磁搅拌器，碱式滴定管（50mL），烧杯（100mL），移液管（10mL）。

四、实验内容

1. 正确安装电势滴定装置。

2. 按 pH 计使用方法“调零”、“校正”，用 pH=4.00 的邻苯二甲酸氢钾标准缓冲溶液和 pH=6.86 磷酸盐标准缓冲溶液“校准”（定位）pH 计。

3. 磷酸的电势滴定　用 10mL 移液管吸取磷酸试样溶液 10.00mL，置 100mL 烧杯中，放入搅拌磁子，加水约 20mL，插入玻璃电极和饱和甘汞电极或用复合电极，测定 $0.1moL \cdot L^{-1}$ H_3PO_4 溶液的 pH。开启电磁搅拌器，在不断搅拌下用 $0.1moL \cdot L^{-1}$NaOH 标准溶液滴定。开始每加入 2mL 记录一次 pH，在接近化学计量点（NaOH 的加入使 pH 变化较大）时，每次加入 NaOH 溶液的量应逐渐减少，在计量点前后，每等体积加入 0.1mL 或 0.05mL，记录一次 pH。滴定过了第二化学计量点直至 pH ≈11.5 后结束。

滴定结束后，取下电极浸泡于 KCl 溶液中。

五、数 据 处 理

1. 以 V_{NaOH} 为横坐标，pH 为纵坐标，绘制 pH-V 曲线。用作图法求出化学计量点 pH_e 和相应的 NaOH 标准溶液体积 V_e，求出 H_3PO_4 试样溶液的浓度。

2. 用 $\frac{\rho\ pH}{\rho\ V}-\bar{V}$ 法和二阶微商内插法求出化学计量点时相应的 V_e，并与 1 法加以比较。

3. 根据 pH-V 滴定曲线，求出 H_3PO_4 的 pK_{a1} 和 pK_{a2}，计算 K_{a1} 和 K_{a2}。

六、实 验 指 导

1. 电极浸入溶液的深度应合适，搅拌磁子不能触及电极。
2. 注意观察化学计量点的到达，在计量点前后应等量小体积加入 NaOH 标准溶液。
3. 为便于数据处理，滴定应在第二化学计量点后 pH 约为 11.5 方可结束。

七、思 考 题

1. 实验中，第一化学计量点和第二化学计量点消耗的 NaOH 溶液体积是否相等？试分析一下原因。

2. 通过实验的数据处理，说明为什么在化学计量点前后应等量地滴入小体积的 NaOH 标准溶液为好？

（西安交通大学 李银环）

实验二十四 水中微量氟的测定

一、实 验 目 的

1. 了解氟离子选择电极的构造及测定自来水中氟离子的实验条件。
2. 学习水样中氟离子的测定原理。

二、实 验 原 理

氟在自然界广泛存在，是人体正常组织成分之一。人每日从食物及饮水中摄取一定量的氟。但过多的摄入则对人体有害，可导致急慢性中毒（慢性中毒主要表现为牙斑釉和氟骨症）。水中微量氟的测定可采用氟离子选择电极法。

氟离子选择电极是以掺杂微量氟化铕（Ⅱ）的氟化镧单晶为敏感膜，以 c（NaF）=

0.1mol·L^{-1} 和 $c(NaCl)=0.1mol\cdot L^{-1}$ 溶液为内充液，以 Ag-AgCl 电极为内参比电极所制成的一种固态晶体薄膜电极。测量时，以氟离子选择电极作指示电极，以饱和甘汞电极作参比电极，组成的测量电池为：氟离子选择电极 | 试液 ‖ SCE

如果忽略液接电势，则电池的电动势为

$$E= k -0.0592\lg a_{F^-}$$

即电池的电动势与试液中氟离子活度的对数成线性关系。

用氟离子选择电极法测定氟离子时，最适宜的 pH 范围为 5～6。pH 过低，由于形成 HF_2^- 而降低 F^- 活度；pH 过高，由于单晶膜中 La^{3+} 水解形成 $La(OH)_3$，而影响电极的响应。通常用 pH=5 醋酸缓冲溶液来控制溶液的 pH。测量时，常见负离子如 NO_3^-、SO_4^{2-}、PO_4^{3-}、Cl^-、Br^-、I^-、HCO_3^- 等均不干扰，但 OH^- 浓度高于 F^- 浓度时干扰；常见的正离子除易与 F^- 形成稳定离子的 Fe^{3+}、Al^{3+}、Sn(IV)外，其他均不干扰。这几种离子的干扰可加入柠檬酸钠进行掩蔽。用氟离子选择电极法测定的是溶液中 F^- 的活度，因此，必须加入大量支持电解质，以控制试液的离子强度。

三、实验用品

1. NaF(AR)，$c(F^-)=1.00mol\cdot L^{-1}$，NaCl(AR)，柠檬酸钠(AR)，冰醋酸(AR)。

2. pHS-2 型离子计，氟离子选择电极，饱和甘汞电极，电磁搅拌器，塑料烧杯(50mL)，容量瓶(50mL)，吸量管(5、10mL)等。

四、实验内容

1. 总离子强度缓冲液(TISAB)的配制　称取 58g 氯化钠和 10g 柠檬酸钠，溶于 800mL 水中，再加入 57mL 冰醋酸，用 $w=0.40$NaOH 溶液调节 pH=5.2，用水稀释至 1000mL。

2. F^- 系列标准溶液的配制　用 1.00mol·L^{-1} F^- 储备溶液，按逐级稀释法依次配制浓度为 1.00×10^{-1}、1.00×10^{-2}、1.00×10^{-3}、1.00×10^{-4} 和 1.00×10^{-5} mol·L^{-1} 的 F^- 溶液。分别移取 F^- 储备溶液及以上浓度的 F^- 溶液各 5.00mL 于 50mL 容量瓶，分别加 5mL TISAB，用水稀释至刻度。

3. 氟离子选择电极的准备　氟离子选择电极在使用前，应在含 1.00×10^{-4} mol·$L^{-1}F^-$ 或更低浓度的 F^- 溶液中浸泡(活化)30 分钟。使用时，先用去离子水吹洗电极，然后在去离子水中洗至电极的纯水电势(空白电势)，一般为 300mV 左右。

4. 校准曲线的测量　将所配制好的 F^- 溶液约 30mL 依次倒入 50mL 塑料烧杯中，放入磁性搅拌子，插入氟离子选择电极和饱和甘汞电极，开启电磁搅拌器，由稀至浓分别进行测量，在仪器指针不再移动或数字显示在±1mV 内，读出电势值。

5. 水样中氟含量的测定　准确移取 25.00mL 自来水样于 50mL 容量瓶中，加入 5mL TISAB，用去离子水稀释至刻度，摇匀。按上述方法测定其电势值。

五、数据处理

1. 绘制 E-$\lg c_{F^-}$ 曲线，确定该氟离子选择电极的线性范围。

2. 从 $E\text{-}\lg c_{F^-}$ 曲线中，查出被测试液的 F^- 浓度，计算出自来水样中的氟含量。

六、实验指导

1. 测量溶液的电势时应按由稀至浓的顺序测定，每测定一个溶液，电极必须用去离子水冲洗，再用滤纸吸干后方可进行下一个测量。

2. 测量电池电动势应在搅拌下动态读数，搅拌速度应适宜。

七、思考题

1. 用氟离子选择电极法测定自来水中氟离子含量时，加入 TISAB 的组成和作用各是什么？

2. 采用校准曲线法有何优点？被测试样中 F^- 浓度过浓或过稀将如何处理后再测定？

（西安交通大学　李银环）

实验二十五　磺基水杨酸法测定铁的含量（标准对照法）

一、实验目的

1. 了解可见分光光度计的使用方法。
2. 掌握吸收曲线的绘制及最大吸收波长的确定。
3. 学会用标准对照法测定物质的含量。

二、实验原理

根据 Lambert—Beer 定律，当一束具有一定波长的单色光透过有色溶液时，有色物质对光的吸收程度（用吸光度 A 表示）与有色物质的浓度(c)、液层厚度(b)成正比。

$$A = a \cdot c \cdot b$$

上式中 a 为吸光系数，当液层厚度一定时，令 $a \cdot b = k$，则

$$A = k \cdot c$$

即吸光度与物质浓度成正比，在标准对照法中，

$$\frac{A}{c} = k$$

因此

$$\frac{A_{标}}{c_{标}} = \frac{A_{样}}{c_{样}} \qquad c_{样} = c_{标} \times \frac{A_{样}}{A_{标}}$$

为了减少测定误差，在标准对照法中所用的标准溶液的浓度与未知溶液的浓度应接近。

由于 Fe^{3+} 溶液在浓度极稀时颜色极淡，几乎不易察觉，因而需要先显色，使之转变成吸光度较大的有色物质后，再进行测定。本实验选用磺基水杨酸(Sal)作显色剂，在不同的 pH 溶液中与 Fe^{3+} 能形成组成和颜色都不相同的配合物。在 pH＝8～11 的氨性溶液中，形成

稳定的$[Fe(Sal)_3]^{3-}$配合物，呈黄色。反应如下：

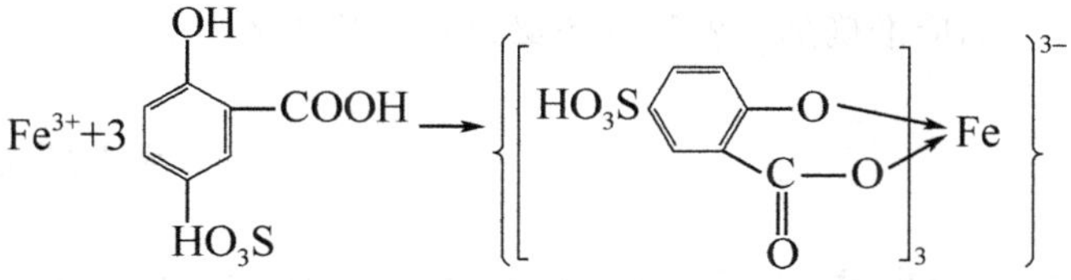

三、实 验 用 品

1. w(氨水)＝0.10，$\rho(Fe^{3+})$＝0.10g · L^{-1}，Fe^{3+}试样溶液，ρ(磺基水杨酸)＝100g · L^{-1}。

2. 可见分光光度计，吸量管(5mL)，量筒(10mL)，容量瓶(50mL)。

四、实 验 内 容

1. 仪器准备工作　参阅“附”分光光度计操作方法及注意事项，接通电源，打开仪器，预热 20 分钟。

2. 溶液的配制　取 3 个 50mL 容量瓶，在其中 2 个容量瓶中用吸量管分别加入Fe^{3+}标准溶液 2.00mL 和试样溶液 5.00mL，然后给 3 个容量瓶用吸量管分别加入 100g · L^{-1}的磺基水杨酸溶液 5.00mL，滴加 ω(氨水)＝0.10 溶液至黄色(空白溶液不滴加氨水)，再分别给 3 个容量瓶加 ω(氨水)＝0.10 溶液 5mL，加水稀释至刻度，摇匀待用。

3. 吸收曲线的绘制　取Fe^{3+}标准溶液，用 1cm 比色皿，采用空白溶液为参比溶液，依次在 400、420、440、460、480、500nm 波长处测定其吸光度，在吸收峰附近每间隔 5nm 测定一次。以波长为横坐标，以吸光度为纵坐标绘制吸收曲线，找出最大吸收波长λ_{max}。记录格式见下表 4-3。

表 4-3　不同波长下吸光度测定值

λ/nm	
吸光度 A	
λ_{max}/nm	

4. 测定试样中Fe^{3+}的含量　按上述相同条件，用最大吸收波长λ_{max}测定试样溶液的吸光度，计算出原试样溶液中Fe^{3+}的含量。

五、实 验 指 导

对于易水解的金属离子，如Sn^{4+}、Ti^{4+}、Sn^{2+}、Fe^{3+}、Al^{3+}、Cr^{3+}等，在配制溶液时，需要先用酸溶解，再稀释，否则易产生沉淀。

六、思　考　题

1. 在本实验中，用磺基水杨酸作显色剂测定Fe^{3+}含量时，为什么要加氨水？

2. 实验中测定吸光度的参比溶液是什么？是否可以用蒸馏水代替？为什么？

3. 实验中哪些试剂应准确加入？哪些不必严格准确加入？为什么？

（西安交通大学　郑阿群）

实验二十六　磺基水杨酸法测定铁的含量(标准曲线法)

一、实验目的

1. 进一步熟悉可见分光光度计的使用方法。

2. 掌握标准曲线的绘制方法。

3. 学会用标准曲线法测定物质的含量。

二、实验原理

根据 Lambert-beer 定律 $A=abc$，当入射光波长 λ 及液层厚度 b 一定时，在一定的范围内，有色物质的吸光度 A 与该物质的浓度 c 成正比。只要绘出以吸光度 A 为纵坐标、浓度 c 为横坐标的标准曲线，测出试液的吸光度，就可以从标准曲线查得对应的浓度值，计算出试样的含量。

在固定仪器和方法的条件下，标准曲线可多次使用，不必每次测绘，必要时可定期校对，尤其适用于重复性、大批量试样的分析，十分方便。

本实验中 Fe^{3+} 的显色剂是磺基水杨酸，其显色原理参阅实验二十五。

三、实验用品

1. w(氨水)=0.10，$\rho(Fe^{3+})=0.10g\cdot L^{-1}$ 标准溶液，Fe^{3+} 试样溶液，ρ(磺基水杨酸)=$100g\cdot L^{-1}$。

2. 可见分光光度计，容量瓶(50mL)，吸量管(5mL)，量筒(10mL)。

四、实验内容

1. 仪器准备工作　参阅“附”分光光度计操作方法及注意事项，接通电源，打开仪器，预热 20 分钟。

2. 系列标准溶液和试样溶液的配制　在 7 个 50mL 容量瓶中，用吸量管分别加入 Fe^{3+} 离子标准溶液 0.00、1.00、1.50、2.00、2.50、3.00 和试样溶液 5.00mL，每个容量瓶中用吸量管加入 $100g\cdot L^{-1}$ 的磺基水杨酸溶液 5.00mL，滴加 ω(氨水)=0.10 溶液至黄色后(空白溶液不滴加氨水)，再分别给 7 个容量瓶加 ω(氨水)=0.10 溶液 5mL，加水稀释至刻度，摇匀待用。

3. 标准曲线的绘制　在波长 λ_{max} 下，用 1cm 比色皿，以空白溶液为参比溶液，分别测定系列标准溶液的吸光度。以 Fe^{3+} 的质量浓度为横坐标，吸光度为纵坐标，绘制标准曲线，记录见下表 4-4。

表 4-4　不同浓度溶液的吸光度测定值

容量瓶号	空白	1	2	3	4	5	试样
标准 Fe^{3+} 溶液体积(mL)	0.00	1.00	1.50	2.00	2.50	3.00	5.00
Fe^{3+} 溶液含量($g \cdot L^{-1}$)	0.000 0	0.002 0	0.003 0	0.004 0	0.005 0	0.006 0	
吸光度(A)							

4. 测定试样溶液中 Fe^{3+} 的含量　按上述相同条件测定试样溶液的吸光度，再从标准曲线上查出与标准溶液相对应的质量浓度，计算出原试样溶液中 Fe^{3+} 的含量。

五、实验指导

在实际工作中，由于参比溶液选择不当，吸收池厚度不等，吸收池位置放置不妥，吸收池透光面不清洁等原因常会造成标准曲线不通过原点。如果有色配合物的解离度较大，特别是当溶液中还有其他配位剂存在时，常使被测物质在低浓度时显色不完全，导致标准曲线下部向浓度轴弯曲。标准曲线不通过原点或不成直线的情况应找出原因，尽量避免。一般说来，只要标准曲线偏离原点或偏离直线不太严重，则在其线性范围内仍然可以用于分析。

六、思　考　题

1. 吸收曲线和标准曲线有何不同？怎样绘制这两种曲线？
2. 在分光光度法中，标准对照法和标准曲线法各有什么优缺点？

（西安交通大学　郑阿群）

实验二十七　盐酸胺碘酮原料药的比吸光系数测定

一、实验目的

1. 熟悉紫外—可见分光光度计的操作。
2. 掌握测定药物比吸光系数的方法。

二、实验原理

比吸光系数指一定波长下，吸光物质的溶液浓度为 1g/100mL(1%)，液层厚度为 1cm 时，溶液的吸光度。常以 $E_{1cm}^{1\%}$ 表示。药品如有紫外吸收，可配制一个溶液，使其浓度于最大吸收波长处的吸光度在 0.2～0.7 之间，测定完整的吸收光谱，找出干扰小而能准确测定的最大吸收波长。然后再配制准确浓度的溶液在选定的吸收峰波长处测定吸光度，计算其比吸光系数。欲测定比吸光系数的药品，必须重结晶数次或用其他方法提纯，使其熔距短；在纸色谱或薄层色谱分离时无杂斑。此外，所用分光光度计及天平、容量瓶、移液管都必须按照鉴定标准经过校正，合乎规定标准的才能用于测定药品比吸光系数。试样应事先干燥至恒重。称重时要求称量误差不超过 0.2%，测定时应同时称取二份试样，准确配制成吸光度在 0.6～0.7 的溶液，分别测定吸光度，换算成比吸光系数。再将溶液稀释一倍，使吸光度在 0.3～0.35 间，同上测定、换算成比吸光系数。药品的比吸光系数经过两台以上不同型号的紫外分光光度计测定，所得结果再经统计方法处理，相对偏差在 1%以内，最后确定吸光系数的值。

三、实 验 用 品

1. φ(乙醇)＝0.95，HNO_3(浓)，盐酸胺碘酮。

2. 紫外分光光度计，移液管(10、5mL)，容量瓶(100、50mL)。

四、实 验 内 容

1. 溶液的配制　准确称取干燥至恒重的高纯度盐酸胺碘酮适量，同时称取两份。分别用 φ(乙醇)＝0.95 溶液溶解，定量转移至 100mL 容量瓶中并稀释至刻度，得标准溶液(Ⅰ)及(Ⅱ)两组，每组各取三支 50mL 容量瓶，用移液管分别加入 5.00mL 和 10.00mL 盐酸胺碘酮标准溶液，另一支容量瓶作空白，分别用 φ(乙醇)＝0.95 溶液稀释至刻度，摇匀。

2. 吸光系数的测定

(1) 吸收池的配对：所用 1cm 吸收池须先用浓 HNO_3 浸洗，蒸馏水冲洗，φ(乙醇)＝0.95 溶液浸泡，晾干待用。将所用吸收池全部盛参比溶液，用透光率最大的一支作参比(100%T)，测定其余各池的吸光度，编号记录，用作校正。在校正的测试中应注意吸收池放置的方向和位置不变。

(2) 测定溶液的吸光度：用已经检验校正的紫外分光光度计进行测定，以选定的吸收池盛参比溶液，用已测校正值的编号池盛试样溶液。在 242nm 处分别测定 2 份试样浓、稀溶液(共 4 个测试溶液)的吸光度，减去参比校正值为实测吸光度值。按下式计算比吸光系数：

$$E_{1\text{cm}}^{1\%}242=\frac{A}{\dfrac{\text{样重(g)}}{100}\times\dfrac{5}{50}\times100}\text{(稀)}$$

$$E_{1\text{cm}}^{1\%}242=\frac{A}{\dfrac{\text{样重(g)}}{100}\times\dfrac{10}{50}\times100}\text{(浓)}$$

两份浓溶液的比吸光系数，其相对误差应不超过 1%。

两份稀溶液的比吸光系数，其相对误差亦应在 1%以内。

同一组浓、稀溶液的比吸光系数，其相对误差应在 1%以内。

在 2 台以上不同型号紫外分光光度计上测定所得比吸光系数，其相对误差亦应在 1%以内。

五、实 验 指 导

1. 试样若非干燥至恒重，应扣除干燥失重，即：样重＝称量值×(1－干燥失重%)。

2. 用作称量的天平与配制溶液的容量瓶、移液管等器皿都需预先经过校正，所用溶剂须先测定其空白透光率，应符合规定。

3. 测定试样前，应先检查所用溶剂在测定波长附近是否有吸收（要求不得有干扰吸收峰）。用 1cm 石英吸收池盛溶剂，以空气为参比测定其吸光度。在 220～240nm 范围内，溶剂和吸收池的吸光度不得超过 0.40，在 241～250nm 范围内不得超过 0.20，在 251～300 范围内不得超过 0.10，在 300nm 以上时不得超过 0.05。

4. 将浓溶液稀释 1 倍时，应用同一批号溶剂稀释。

5. 注意吸收池的配对性和方向性。

六、思　考　题

1. 一个药品的吸光系数的测定和使用将涉及哪些主要因素？

2. 比吸光系数与摩尔吸光系数的定义和作用有何区别？怎样换算？为什么摩尔吸光系数的表示方法常取 3 位有效数字或用其对数值表示？

（西安交通大学　慕　慧）

实验二十八　芦丁含量的测定

一、实 验 目 的

1. 了解标准曲线法测定芦丁含量的原理和方法。

2. 掌握可见分光光度计进行定量测定的方法。

3. 熟悉平行原则的应用。

二、实 验 原 理

芦丁属黄酮苷类，本实验利用黄酮苷与亚硝酸钠、硝酸铝反应后，在碱性溶液中显红色，于 510nm 处有强吸收；同时，其显色物质的浓度与吸光度间的关系符合 Lambert-Beer 定律，可利用标准曲线法测定其含量。

三、实 验 用 品

1. $\varphi(NaNO_2) = 0.50g \cdot L^{-1}$，$\rho[Al(NO_3)_3] = 1.0g \cdot L^{-1}$，芦丁标准品，芦丁试样，$c(NaOH) = 4mol \cdot L^{-1}$，$\varphi$(乙醇) = 0.60，$\varphi$(乙醇) = 0.30。

2. 722E 型可见分光光度计，量筒（10mL），吸量管（1、5mL），容量瓶（10、50、100mL），移液管（25mL）。

四、实 验 内 容

1. 标准溶液的配制　准确称取 120℃真空干燥至恒重的芦丁标准品 20mg，置 100mL 容量瓶中，加 φ(乙醇)＝0.60 溶液适量，水浴上微热溶解，冷却后再用 φ(乙醇)＝0.60 溶液稀释至刻度，摇匀。准确吸取 25.00mL 置 50mL 容量瓶中，加蒸馏水至刻度，摇匀，即得浓度为 1.0mg · L^{-1} 的芦丁标准溶液。

2. 标准曲线的绘制 准确吸取浓度为 1.0mg · L^{-1} 的芦丁标准溶液 0.00、1.00、2.00、3.00、4.00 及 5.00mL，分别置于 10mL 容量瓶中，各加 φ(乙醇)＝0.30 溶液至 5.00mL。加入 0.5g · L^{-1} $NaNO_2$ 溶液 0.30mL，摇匀，放置 6 分钟。再加 1.0g · L^{-1} $Al(NO_3)3$ 溶液 0.30mL，摇匀，放置 6 分钟。加 4mol · L^{-1} NaOH 溶液 4mL，并用蒸馏水稀释至刻度，摇匀，放置 15 分钟。在 510nm 波长下，用 1cm 吸收池，以空白溶液为参比溶液，测定各标准溶液的吸光度。以芦丁含量(mg)为横坐标，吸光度为纵坐标，绘制标准曲线，若线性好，用最小二乘法求回归直线方程式。

3. 试样测定 准确吸取芦丁粉末试样约 20mg，置 100mL 容量瓶中，加 φ(乙醇)＝0.60 溶液适量，水浴微热使溶，冷后加 φ(乙醇)＝0.60 溶液至刻度，摇匀。准确吸取 25.00mL 上述溶液，置于 50mL 容量瓶内，加蒸馏水稀释至刻度，摇匀，准确吸取芦丁试样溶液 3.00mL，置于 10mL 容量瓶中。按上述绘制标准曲线的方法配制溶液，并于 510nm 处测定其吸光度。

五、数据处理

根据试样测得的吸光度，在标准曲线上查得无水芦丁的含量。按下式计算试样的含量：

$$\text{试样中无水芦丁的含量}=\frac{\text{标准曲线中读出的无水芦丁量(mg)}}{\text{试样重(mg)}\times\frac{25}{100}\times\frac{3}{50}}$$

用最小二乘法求出回归直线方程式及相关系数(r)。$A=a+bm$ m (mg) r ＝________。根据试样测得的吸光度 $A_{试样}$，可求得 $m_{试样}$。

$$m_{试样}=\frac{A_{试样}-a}{b}\text{(mg)}$$

$$\text{则：试样中无水芦丁的含量}=\frac{m_{试样}\text{(mg)}}{\text{试样重(mg)}\times\frac{25}{100}\times\frac{3}{50}}$$

六、实验指导

1. 吸收池配对。
2. 测吸光度，溶液由稀至浓进行测定。
3. 遵守平行原则(加试剂的量、顺序、时间等应一致)。

七、思考题

1. 根据标准曲线测得数据，判断本次实验所得浓度与吸光度间的线性关系，分析原因。
2. 吸收池的透光率和厚度常不能绝对相同，应如何校正？

(西安交通大学 李骁勇)

实验二十九　浊度法测定血清和尿中无机硫酸根含量

一、实验目的

1. 了解测定血清和尿中无机硫酸根含量的意义。
2. 熟悉浊度法测定硫酸根的原理和方法。

二、实验原理

无机硫酸根是哺乳动物的血浆中含量最多的阴离子之一。硫酸根在激活和解毒异生物质，甾类，神经递质和胆汁酸上发挥着重要作用。葡糖氨基聚糖类，脑苷脂类和硫酸肝素的生物合成都需要硫酸根。软骨蛋白聚糖类的低硫酸化和人类遗传性的骨软骨发育不良疾病有关。在哺乳动物中，硫酸根体内平衡由肾调节。大多数过滤的硫酸根在近端小管被吸收，只有5%～20%滤过负荷被排泄到尿中。

浊度法是一种利用测定对象物质在溶液中生成浑浊，从而对一定波长的光产生最大吸收的吸光光度法。浊度法用于硫酸根测定在药物研究中有着广阔的前景，目前已有试剂盒用于硫酸根的批量、快速测定。该方法适用于测定生物液体，如血清和尿中的硫酸根浓度。本实验利用硫酸根在氯化钡的聚乙二醇溶液中定量形成均匀的不溶性的硫酸钡，通过测定硫酸钡的浊度（吸光度 A）来确定试样溶液中的硫酸根含量。

三、实验用品

1. 4%三氯乙酸溶液，氯化钡，聚乙二醇 6000，硫酸钠（AR）。
2. 离心管，烧杯，离心机（16 000 转/分），移液管，磁力搅拌器。

四、实验步骤

（一）沉淀剂溶液的配制

1. 氯化钡-聚乙二醇储备液　分别称取 9.77g $BaCl_2 \cdot 2H_2O$（0.040mol）和 150g 聚乙二醇 6000 于 1L 烧杯中加适量蒸馏水溶解，用蒸馏水稀释定容于 1L 试剂瓶中。

2. 氯化钡-聚乙二醇使用液　移取 100mL 氯化钡-聚乙二醇储备液于一个 250mL 烧杯中，滴加 5 滴 0.050mol · L^{-1} 的 Na_2SO_4 溶液，置于磁力搅拌器上搅拌 1 小时。此溶液须在一周内使用。

（二）试样的处理

1. 血清试样的处理　新鲜的血清或血浆（无溶血）试样既可立即测定，又可冷冻待用。试样应预先脱去蛋白，即在 5mL 离心管中加入 3.00mL 试样和 1.50mL 三氯乙酸溶液，离心机中 14 000rpm 离心 5 分钟。移取 3.00mL 上清液用于测定。

2. 尿样的处理　尿样稀释 10 倍待用。

（三）仪器准备工作

参阅“附”分光光度计操作方法及注意事项，接通电源，打开仪器，预热 20 分钟。

（四）比色测定液的配制

1. 标准溶液的配制和测定　取 6 个 50mL 小烧杯，用移液管分别加入 0.001 00 mol·L^{-1} 硫酸钠标准溶液 0.00、0.50、1.00、1.50、2.00 和 2.50mL，依次补加 3.00、2.50、2.00、1.50、1.00 和 0.50mL 蒸馏水，使每个标准溶液体积均为 3.00mL。再分别加入 1.00mL 0.50mol·L^{-1} 的盐酸，最后加入 1.00mL $BaCl_2$-PEG 试剂，涡旋混合 5 分钟后，立即用 1cm 比色皿，在 600nm 波长处测定试样吸光度。

2. 标准曲线的绘制　以 SO_4^{2-} 的浓度为横坐标，吸光度为纵坐标，绘制标准曲线，记录见下表 4-5。

表 4-5　标准曲线测定结果表

测定序列号	空白	1	2	3	4	5
SO_4^{2-} 标准溶液加入量(mL)	0.00	0.50	1.00	1.50	2.00	2.50
SO_4^{2-} 标准溶液含量(mmol·L^{-1})	0.000	0.100	0.200	0.300	0.400	0.500
吸光度(*A*)						

3. 试样测定液的配制和测定　取脱去蛋白的血清上清液或稀释 10 倍的尿样 3.00mL，去离子水 3.00mL 于 50mL 小烧杯中。在试样和空白中加入 1.00mL 的 0.50 mol·L^{-1} 的盐酸，再加入 1.00mL $BaCl_2$-PEG 试剂，涡旋混合 5 分钟后，立即用 1cm 比色皿，在 600nm 处测定试样吸光度。在标准曲线上查得测定液的浓度，并由稀释倍数确定试样中硫酸根的浓度。

五、实验指导

1. 400mmol/L 氯化钠，500mmol/L 尿素，5mmol/L 磷酸钠，4mmol/L 柠檬酸钠以及 1.5mmol/L 乙二胺四乙酸钠不干扰测定。

2. 若在涡旋混合测定液 5 分钟后才测定吸光度，则需重新涡旋测定液，读取试样的吸光度。

3. 若有必要，可测定硫酸钡浊度的最大吸收波长。

六、思考题

1. 配制氯化钡-聚乙二醇使用液时，为何要滴加少许 Na_2SO_4 溶液？

2. 混合测定液放置一段时间后，若要测定其吸光度，则需重新涡旋测定液，为什么？

（西安交通大学　关　放）

【附】 722E 型可见分光光度计

一、使用方法

1. 打开电源开关，仪器进入自检状态，自检结束仪器自动停在吸光度测试方式，使仪器预热 20 分钟（图 4-4）。

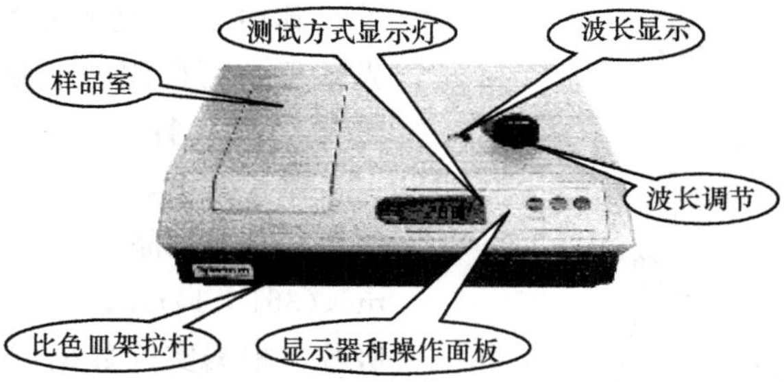

图 4-4 722E 型可见分光光度计

2. 用“波长设置”旋钮将波长设置在将要使用的分光波长位置上。
3. 打开样品室盖，将挡光体插入比色皿架，并将其推或拉入光路。
4. 盖好样品室盖，按“方式键”(MODE)设置为透射比方式，按“0%”键，调透射比为零。
5. 取出挡光体，放入参比溶液并将其推或拉入光路，盖好样品室盖，按“100%T”键，调 100%透射比。
6. 按“方式键”(MODE)将测试方式设置为吸光度方式(或透射比)方式。
7. 将被测溶液推或拉入光路中，显示器上所显示是被测样品的吸光度(或透射比)参数。

二、维护及注意事项

1. 放置仪器的工作台应平坦牢固，不应有振动或其他影响仪器正常工作的现象(强烈电磁场、静电及其他干扰，都可能影响仪器的正常工作，应尽可能远离干扰源)。
2. 仪器使用时，务必保持散热孔畅通，以利散热。
3. 仪器放置应避开有化学腐蚀气体的地方，如硫化氢、二氧化碳、氨气等。
4. 仪器各部存放有干燥剂保持干燥，发现干燥剂变色立即更换或烘干再用。
5. 仪器应避免阳光直射。
6. 仪器通电前，首先请检查仪器铭牌上表明的工作电压是否与供电电压相符。
7. 在使用过程中应注意随时关闭好样品室盖，以保护光电池。

(西安交通大学 李骁勇)

实验三十 维生素 B_{12} 注射液的定性鉴定及含量的测定

一、实验目的

1. 了解紫外—可见分光光度计的构造及正确使用方法。
2. 掌握吸收曲线绘制方法及紫外—可见分光光度法对物质定性鉴定和含量测定。

二、实验原理

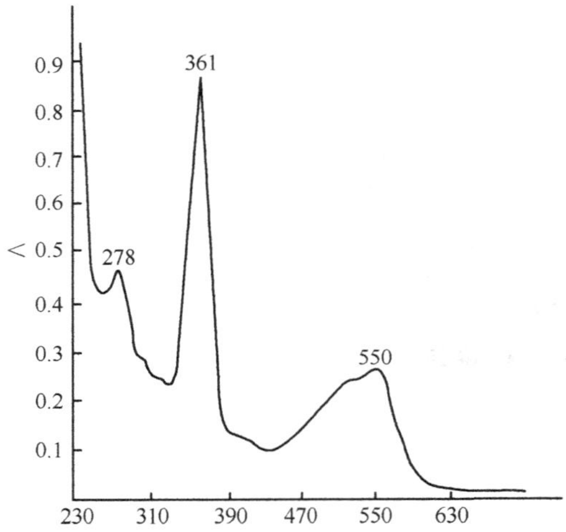

图 4-5 维生素 B_{12} 紫外-可见吸收光谱

紫外分光光度法的定量分析仍然是基于 Lambert-Beer 定律

$$A=abc$$

其中 a 为吸光系数。在条件改变时，吸光系数 a 可以用摩尔吸光系数 e 或比吸光系数 $E_{1cm}^{1\%}$ 所代替。

维生素 B_{12} 是含有钴的有机化合物，为深红色结晶或结晶性粉末。其注射液在(278±1)nm、(361±1)nm、(550±1)nm 波长处有最大吸收。根据实验数据，可绘制出维生素 B_{12} 溶液的吸收曲线，如图 4-5 所示。

通过对相邻吸收峰处吸光度比值的计算，可对其进行定性鉴定。《中华人民共和国药典(2010 版)》规定维生素 B_{12} 的定性鉴定标准为：

$$\frac{E_{1cm}^{1\%}361nm}{E_{1cm}^{1\%}278nm}=\frac{A_{361}}{A_{278}}=1.70\sim1.88$$

$$\frac{E_{1cm}^{1\%}361nm}{E_{1cm}^{1\%}550nm}=\frac{A_{361}}{A_{550}}=3.15\sim3.45$$

依据下式，可对维生素 B_{12} 注射液含量进行测定(B_{12} 的 $E_{1cm}^{1\%}361nm=207$)：

$$\rho_{(试样)}=\frac{A_{试样}\times10}{E_{1cm}^{1\%}361nm}=\frac{A_{试样}}{207}\times10$$

计算结果即为试样稀释液 1L 中含维生素 B_{12} 的克数，再乘以稀释倍数，即得 1L 原注射液中含维生素 B_{12} 的克数($g\cdot L^{-1}$)。

三、实验用品

1. 维生素 B_{12} 注射液($0.500g\cdot L^{-1}$)。
2. 紫外—可见分光光度计，容量瓶(50mL)。

四、实验内容

1. 参看 752 型紫外—可见分光光度计仪器简介和使用操作部分，熟悉其性能和操作方法。接通电源，打开仪器，预热 20 分钟。

2. 按药典方法，取维生素 B_{12} 注射液 1 支(1mL)，倒入 50mL 容量瓶，用蒸馏水稀释至刻度，充分混匀，置于 1cm 石英吸收池中以蒸馏水作参比溶液，在波长 230～580nm 的范围内，每间隔 20nm 测定一次吸光度，在最大吸收峰 278、361、550nm 附近，每间隔 2nm 测量一次，然后绘制 A-ρ 吸收曲线图，确定最大吸收峰位置，并计算吸光度之比值，进行定性鉴定。

3. 依据在 361nm 处测得的吸光度值，计算试样中维生素 B_{12} 的质量浓度。

五、数 据 处 理

1. 定性计算

$$\frac{E_{1cm}^{1\%}361nm}{E_{1cm}^{1\%}278nm}=\frac{A_{361}}{A_{278}}=1.70\sim1.88$$

$$\frac{E_{1cm}^{1\%}361nm}{E_{1cm}^{1\%}550nm}=\frac{A_{361}}{A_{550}}=3.15\sim3.45$$

2. 定量计算

$$\rho(样)=\frac{A}{207}\times10$$

(50 为稀释倍数)

$$\rho(原样)=\frac{A}{207}\times10\times50$$

六、实 验 指 导

1. 维生素 B_{12} 在 pH4.5～5.0 弱酸条件下最稳定，故测定时间长时最好配成弱酸性溶液。

2. 维生素 B_{12} 遇强光或紫外线易变性，故应避光保存。

七、思　考　题

1. 紫外—可见分光光度计测定维生素 B_{12} 含量及定性鉴定的原理是什么？

2. 称取 0.0500g 维生素 C，溶于 0.01mol · L^{-1} H_2SO_4 溶液中，然后转移至 100mL 容量瓶中，稀释至刻度。吸取该溶液 2.00mL，准确稀释至 100.0mL。取此溶液在 1cm 厚的吸收池中用 245nm 波长的单色光测其吸光度为 0.551，试求维生素 C 的质量分数。已知 $E_{1cm}^{1\%}(245nm)_{标}=560$。

【附】 752 型紫外—可见分光光度计

一、功能键简介

1. "方式设定"键(MODE)　用于设置测试方式。仪器可供选择的测试方式有：透射比方式；吸光度方式和浓度直读方式(图 4-6)。

2. "100%T/0ABS"键　用于自动调整 100%T(100%透射比)或 0ABS(零吸光度)。

3. "0%T"键　用于自动调整 0%透射比。

4. "波长设置"键　用于设置分析波长。

5. "功能"键(FUNC)

(1) 输入已知标准试样浓度值：按功能键一次，仪器显示：Std/CONC＝1000；当需要直读被测试样浓度时，首先将标准品的浓度值输入仪器中，仪器会根据标准品的吸光度与输入的浓度值自动计算出标准品

的 K 因子。被测试样浓度值符合公式:$c=KA$。

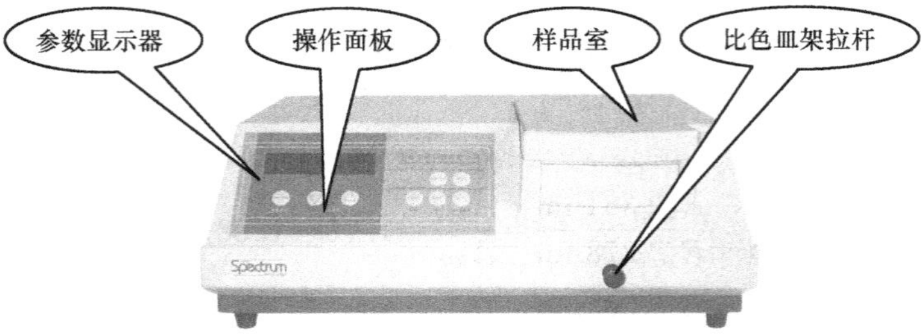

图 4-6　752 型分光光度计示意图

(2) 输入已知标准品 K 因子:按功能键两次,仪器显示:Std/FACTOR=1000;当需要直读被测试样浓度时,首先将标准品 K 因子输入仪器中,仪器会自动将输入的 K 因子储存起来,被测试样浓度值符合公式:$c=KA$。

(3) 光源切换位置控制:按键三次,仪器显示:LAMP EXCH…;此功能可使被测试样在仪器能量许可的情况下,使用同一种光源进行测试,以提高测试数据的精确度。光源切换位置在 325～355nm 范围内可任意选择。

(4) 钨卤素灯开关控制:按功能键四次,仪器显示:W LAMP OFF? 当钨卤素灯是关闭状态时,仪器显示:W LAMP ON?

(5) 氘灯开关控制:按功能键五次,仪器显示 D2 LAMP OFF? 当氘灯是关闭状态时,仪器显示:D2 LAMP ON?

(6) 连接计算机:按功能键六次,仪器显示:CONNECT PC?

仪器与计算机连接时,仪器显示:PC CONNECTING

仪器与计算机连接成功时,仪器显示:PC CONNECTED

仪器与计算机联机操作时,仪器显示:PC CONN...

仪器与计算机失败连接时,仪器显示:CONNECT PC?

6."确认"键(ENT)　用于确认所设置的各种参数或仪器功能。

7."打印/清除键"(P/C)

(1) "打印"键(PRINT):当仪器处于测试状态时,使用该键,可将测试参数通过 RS-232C 串行口输送给外接的打印机。

(2) "清除"键(CLEAN):用于清除设置的参数或仪器功能。

二、使 用 方 法

1. 仪器接通电源,进入自检状态,自检结束后波长自动停在 546nm 处,测量的方式自动设定在透射比方式(%T),并自动调 100%T 和 0%T。

2. 用"波长设置"旋钮将波长设置在将要使用的分光波长位置上。

3. 将参比溶液和被测溶液分别倒入比色皿,打开样品室盖,将比色皿分别插入比色皿槽中,盖上样品室盖。

4. 将参比溶液推入光路中,按"100%T"键。

5. 将被测溶液推或拉入光路中,按方式键,选择测定方式,显示器所显示是被测试样的参数。

(西安交通大学　李骁勇)

实验三十一　$Ti(H_2O)_6{}^{3+}$配离子分裂能的测定

一、实验目的

1. 了解配合物吸收光谱图的绘制方法及意义。

2. 学习应用分光光度法测定配合物分裂能的原理和方法。

3. 掌握 722E 型分光光度计的使用方法。

二、实验原理

配离子中心原子(离子)的 d 轨道在晶体场的影响下会发生能级分裂,当 d 轨道没有被电子充满时,处于低能量 d 轨道上的电子吸收了一定波长的可见光后,就跃迁到高能量的 d 轨道,这种 d-d 跃迁的能量差即为该配离子的分裂能,其数值可通过实验测定(图 4-7)。

$[Ti(H_2O)_6]^{3+}$配离子在八面体场的影响下,Ti^{3+}离子的 5 个简并的 d 轨道分裂为二重简并的 d_γ 轨道和三重简并的 d_ε 轨道,d_γ 轨道和 t_{2g} 轨道的能量差等于分裂能 Δ_o。

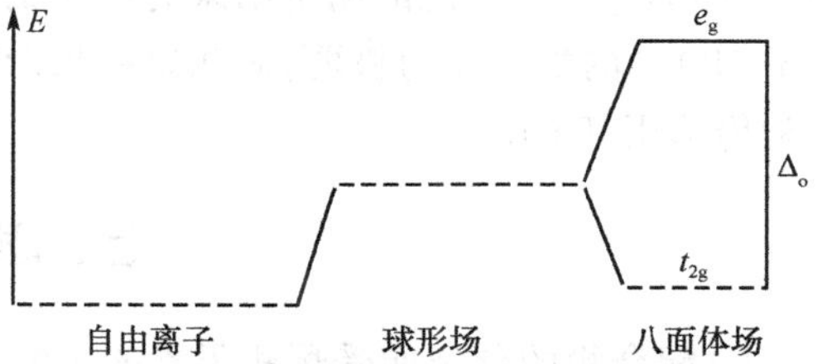

图 4-7　$[Ti(H_2O)_6]^{3+}$配离子在晶体场中 d 轨道分裂示意图

根据　$E_{光}=E_{d\gamma}-E_{d\varepsilon}=\Delta_o$

$$E_{光}=h\nu=\frac{hc}{\lambda}$$

式中,h 为普朗克常数,其值为 6.626×10^{-34} J·s;

c 为光速,其值为 2.9979×10^{10} cm·s^{-1}。

因为 h 和 c 都是常数,当 1mol 电子跃迁时,$hc=1$

所以
$$\Delta_o=\frac{1}{\lambda}\times10^7(cm^{-1})$$

上式中的 λ 是$[Ti(H_2O)_6]^{3+}$配离子吸收峰对应的波长,单位是 nm。

只要测定配离子在不同波长 λ 下的相应吸光度 A,以 A 为纵坐标,λ 为横坐标作图,可得配离子的吸收曲线,曲线最高峰所对应的波长 λ_{max} 即为$[Ti(H_2O)_6]^{3+}$配离子的最大吸收波长,将数值带入上式,即可计算出分裂能 Δ_o。

三、实验用品

1. $w(TiCl_3)=0.15$。

2. 托盘天平,722E 型分光光度计,烧杯(50mL),玻璃棒。

四、实验内容

1. $[Ti(H_2O)_6]^{3+}$溶液配制　称取 $TiCl_3\cdot6H_2O$ 固体 0.3g,溶于 50mL 蒸馏水中,即得。

2. 取上述溶液,以蒸馏水为空白参比,在 400～600nm 的波长范围内,每隔 10nm 测定一次吸光度,在吸收峰最大值附近,每隔 5nm 测定一次,结果计入表 4-6。

表 4-6 不同波长下吸光度的测定结果

λ	
A	

五、数据处理

1. 以吸光度 A 对波长 λ 作图，得$[Ti(H_2O)_6]^{3+}$的吸收曲线。
2. 找出曲线中最大吸收峰所对应的波长 λ_{max}，计算分裂能Δ_o值。

六、实验指导

1. 实验结束后，应及时将盛放钛盐的容器清洗干净。
2. 由于 Cl^- 有一定的配位能力，可以和溶液中的 Ti^{3+} 以配位键结合，形成配合物，对$[Ti(H_2O)_6]^{3+}$分裂能的测定结果有一定的影响。如果以 $Ti(NO_3)_3$ 代替 $TiCl_3$ 进行试验，由于 NO_3^- 的配位能力极弱，对测定结果影响较小，但 $Ti(NO_3)_3$ 难以制备，不易获得，故本实验仍选用 $TiCl_3$。

七、思考题

1. 配合物的分裂能受哪些因素的影响？
2. 测定吸收曲线时，溶液浓度高低对测定结果是否有影响？
3. 使用分光光度计有哪些注意事项？

(西安交通大学 李健军)

实验三十二 红外分光光度计的性能检查

一、实验目的

1. 了解红外分光光度计的工作原理及其操作方法。
2. 了解红外分光光度计的性能指标及检查方法。

二、实验原理

通过测定聚苯乙烯红外波长标准物质的红外吸收光谱，检查红外光谱仪器的分辨率和波数准确度等性能。

三、实验用品

1. 聚苯乙烯红外波长标准物质。
2. 傅里叶变换红外分光光度计。

四、实验内容

1. 仪器参数设置　开启仪器，选择 OMNIC 程序进入 OMNIC 操作界面，在 collect 菜单中选择 collect setup，设置扫描次数为 32，分辨率为 $4cm^{-1}$，图谱纵坐标为透光率或吸光度，并选择先采集本底后采集样品；在 optical bench setup 菜单中选择检测器为 DTGS KBr，光源为 IR，分束器为 KBr，光谱范围 400～$4000cm^{-1}$。选择完毕，点击 OK，关闭对话框。

2. 聚苯乙烯红外波长标准物质的红外光谱图测绘　在 collect 菜单中选择 sample collect，在 sample collect 对话框中，输入试样名称，并点击 OK，开始扫描本底；待本底采集完毕后，出现对话框提示时，将聚苯乙烯红外波长标准物质置于仪器光路中，点击 OK，开始扫描；当试样光谱采集完毕后，出现对话框时，再点击 OK。即可得到 400～$4000cm^{-1}$ 范围内的聚苯乙烯红外光谱图（图 4-8）。

3. 吸收峰波数标注　在 OMNIC 界面中，点击左下角的 T 按钮，激活吸收峰波数标注功能，鼠标逐个点击聚苯乙烯红外波长标准物质的红外光谱图吸收峰，即可标注出各吸收峰的波数值。

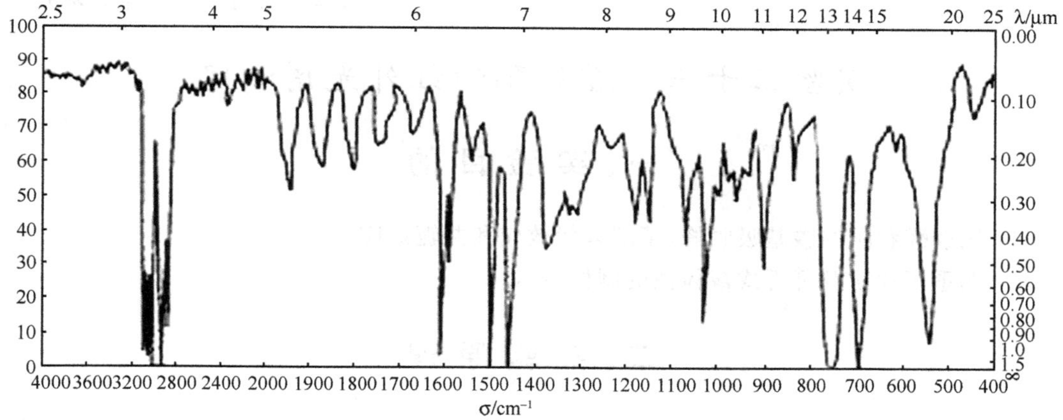

图 4-8　聚苯乙烯薄膜的红外吸收光谱

4. 图谱打印　在 file 下拉菜单中，选择 Print Setup 设置打印参数；然后再进入 file 下拉菜单，选择 Print，即可打印出聚苯乙烯红外波长标准物质的红外光谱图。

5. 分辨率检查　要求在 3110～$2850cm^{-1}$ 范围内应清晰分辨出不饱和碳氢与饱和碳氢伸缩振动的 7 个峰。从 $1583cm^{-1}$ 最高点至约 1590 cm^{-1} 最低点的波谷深度的透光率应不小于 12%，从约 2851 cm^{-1} 最高点至约 2870 cm^{-1} 最低点的波谷深度的透光率应不小于 18%。

6. 波数准确度检查　用 2851、1601、1028 及 $907cm^{-1}$ 处的吸收峰对波数进行校正。在 400～4000 cm^{-1} 区间，吸收峰位的测得值与标准物质的标准值（表 4-7）之差应在 ±2 cm^{-1} 范围内。

表 4-7　聚苯乙烯红外波长标准物质的主要红外吸收峰（cm^{-1}）

序号	1	2	3	4	5	6
$\bar{v}/cm^{-1}$	3082.19	3060.03	3026.42	3001.40	2850.13	1601.35

续表

序号	7	8	9	10	11	12
$\bar{v}/cm^{-1}$	1583.64	1154.64	1069.20	1028.35	906.82	842.08

注：该数据摘自美国 NIST 公布的 SRM1921 标准值

五、实验指导

使用聚苯乙烯红外波长标准物质时，应注意不要用手触摸透明薄膜，以免影响透光率。

六、思考题

1. 聚苯乙烯薄膜的光栅光谱和棱镜光谱有无区别？
2. 试解析聚苯乙烯薄膜主要吸收峰归属。

（西安交通大学　李银环）

实验三十三　醛和酮的红外光谱测定

一、实验目的

1. 比较醛和酮的羰基吸收峰，了解取代效应和共轭效应。
2. 熟悉压片法及可拆式液体池的制样技术。

二、实验原理

醛和酮在 1870～1540cm^{-1}(5.35～6.50 μm)区域均出现强的吸收峰，这是 C=O 的伸缩振动吸收峰，由于此峰位置相对稳定，峰强度大且干扰较少，所以它是红外吸收光谱上最易识别的一个吸收峰。而 C=O 的伸缩振动受到试样的状态、相邻取代基团、共轭效应、氢键、环张力等因素的影响，其吸收带位置有所差别。

脂肪醛在 1740～1720cm^{-1} 范围有吸收。α-碳上的电负性取代基会增加 C=O 谱带吸收频率，例如乙醛在 1730cm^{-1} 处吸收，而三氯乙醛在 1768cm^{-1} 处吸收。双键与羰基产生共轭效应，会降低 C=O 的吸收频率。芳香醛在低频处吸收，环内氢键也使吸收向低频方向移动。

酮的羰基吸收频率比相应的醛的羰基吸收频率低。饱和脂肪酮在 1715cm^{-1} 左右有吸收。同样，双键的共轭会造成吸收向低频移动。酮与溶剂之间的氢键也将降低羰基的吸收频率。

三、实验用品

1. 苯甲醛，丙醛，苯乙酮，环己酮，无水乙醇，KBr(SP)。
2. 330FT-IR 红外仪，压片机，可拆式液体池，红外灯，玛瑙研钵。

四、实验内容

参照实验三十四的方法，分别绘出苯甲醛、丙醛、苯乙酮、环己酮的红外光谱。

五、数据处理

1. 确定各化合物的羰基吸收频率，并比较。
2. 指出苯甲醛在 $3000cm^{-1}$ 左右及 $675\sim750cm^{-1}$ 之间所得到的主要谱带，简述分子中的键或基团构成这些谱带的原因。
3. 根据环己酮光谱，指出在 $2900cm^{-1}$ 和 $1460cm^{-1}$ 处附近的主要谱带。

六、实验指导

1. 使用玛瑙研钵时要小心，以防损坏。
2. 溴化钾压片时加入溴化钾量应适宜，否则难以压出既透明又坚固的薄片。

七、思考题

1. 共轭效应及芳香性对酮的羰基的吸收频率影响如何？
2. 推测若用氯原子取代烷基，羰基吸收频率会如何变化？

（西安交通大学　李银环）

实验三十四　阿司匹林红外光谱测定

一、实验目的

1. 熟悉固体试样制备、红外光谱的测绘方法及仪器使用规程。
2. 通过谱图解析及标准谱图的检索比对，了解红外光谱鉴定药物的一般过程。

二、实验原理

实验时可选固体试样或液体试样，绘制红外光谱，然后进行光谱解析，查对标准红外光谱定性。要求试样纯度＞98％，且不含水。

三、实验用品

1. 阿司匹林（纯度＞98％，且不含水），KBr 粉末（SP）。
2. 红外分光光度计，玛瑙研钵，压片模具。

四、实验内容

1. 试样制备

(1) 压片法:称取干燥的阿司匹林试样约1mg置于玛瑙研钵中,加入干燥的KBr粉末约200mg,研磨混匀。将研磨好的物料加到专用红外压片模具(Φ13mm)或微量试样具中铺匀,合上模具置油压机上先抽气约2分钟以除去混在粉末中的湿气,再边抽气边加压至1.5～1.8MPa约2～5分钟。取出装入样品架上待测。

(2) 糊状法:取少量干燥的阿司匹林试样置于玛瑙研钵中磨细,加入几滴石蜡油继续研磨至呈均匀的浆糊状,糊状物涂在可拆液体池的窗片或空白KBr片上,即可测定。

2. 图谱绘制

(1) 仪器参数设置:开启仪器,选择OMNIC程序并进入OMNIC操作界面,在collect菜单中选择collect setup,设置扫描次数为32,分辨率为$4cm^{-1}$,图谱纵坐标为透光率或吸光度,并选择先采集本底后采集试样;在optical bench setup菜单中选择检测器为DTGS KBr,光源为IR,分束器为KBr,光谱范围$400～4000cm^{-1}$。选择完毕,点击OK,关闭对话框。

(2) 阿司匹林红外光谱图测绘:在collect菜单中选择sample collect,在sample collect对话框中,输入试样名称,并点击OK,开始扫描本底;待本底采集完毕后,出现对话框提示时,将上述制备的试样置于仪器光路中,点击OK,开始扫描试样;当试样光谱采集完毕后,出现对话框时,再点击OK,即得到$400～4000cm^{-1}$范围内阿司匹林红外光谱图。

(3) 吸收峰波数标注:在OMNIC界面中,点击左下角的T按钮,激活吸收峰波数标注功能,用鼠标逐个点击阿司匹林的红外光谱图吸收峰,即可标注出各吸收峰的波数值。

(4) 图谱打印:在file下拉菜单中,选择Print Setup设置打印参数;然后再进入file下拉菜单,选择Print,即可打印出阿司匹林样品的红外光谱图(图4-9)。

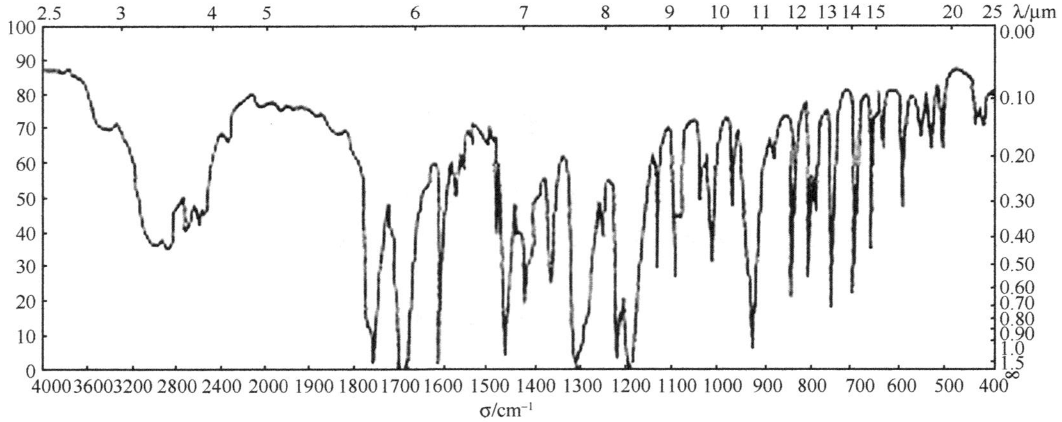

图4-9 阿司匹林的红外吸收光谱

3. 实验结束,关闭OMNIC界面,退出OMNIC操作系统。并关闭主机、打印机和计算机及稳压电源开关,拉下总电源,覆盖好仪器。

五、实验指导

1. 在压片制样过程中,物料必须磨细并混合均匀,加入模具中需均匀平整,否则不易获得透明均匀的片子。KBr 极易受潮，因此制样操作应在低湿度环境中或在红外灯下进行。

2. 使用液体池时，需注意窗片的保护，测定后，用适宜的溶剂彻底冲洗后保存在干燥器中。

3. 使用可拆式液体池时，在操作中注意不要形成气泡。

六、思　考　题

1. 固定厚度密封液体池、可拆式液体池、夹片法各有什么优点？

2. 压片法制样应注意些什么？

3. 同一物质的液体或固体红外光谱是否相同？

（西安交通大学　李银环）

实验三十五　核黄素的荧光特征和含量的测定

一、实验目的

1. 掌握荧光法的定量分析方法（标准曲线法）。

2. 熟悉 WGY-10 型荧光分光光度计的使用方法。

二、实验原理

维生素 B_2，又叫核黄素，是橘黄色无臭的针状结晶，其结构式为

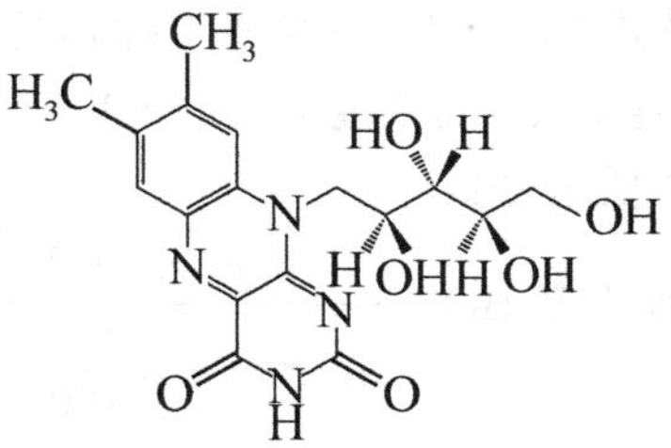

维生素 B_2 易溶于水而不溶于乙醚等有机溶剂，在中性或酸性溶液中稳定，光照易分解，对热稳定。由于分子结构上具有异咯嗪结构，在 430～440nm 蓝光或紫外光的照射下会产生绿色荧光，荧光峰在 535nm，在 pH＝6～7 的溶液中荧光强度最大，在 pH＝11 的碱性溶液中荧光消失。故可以用荧光光谱法测维生素 B_2 的含量。

三、实验用品

1. c（维生素 B_2 标准溶液）＝10mg · L^{-1}，w（乙酸）＝0.01，维生素 B_2 试样。

2. WGY-10 型荧光光度计，容量瓶（50mL），吸量管（5mL）。

四、实验内容

1. 维生素 B_2 标准溶液的配制

(1) 维生素 B_2 标准溶液(10.0mg · L^{-1}):称取干燥后的维生素 B_2 10.0mg 用 w=0.01 乙酸溶液溶解并定容至 1000mL。

(2) 维生素 B_2 标准系列:取维生素 B_2 标准溶液(10.0mg · L^{-1})0.50、1.00、1.50、2.00、2.50mL 分别置 50mL 容量瓶中,用 w=0.01 乙酸溶液稀释至刻度,摇匀,待测。

2. 维生素 B_2 试样溶液的配制　取维生素 $B_2$10 片,研细,精密称取适量(约相当于维生素 $B_2$10mg),用 w=0.01 乙酸溶解并定容至 100mL,过滤,弃去初滤液,吸取续滤液 5mL 于 100mL 容量瓶中,用 w=0.01 乙酸溶液定容,吸取此溶液 5mL 于 100mL 容量瓶中,用 w=0.01 乙酸溶液定容,搅匀,待测。

3. 测量

(1) 发射光谱的绘制:将激发波长固定在 440nm,选择一个浓度适当的标准溶液,扫描发射光谱,选择最大发射波长。

(2) 激发光谱的绘制:将发射波长固定在最大发射波长处,用同一个标准溶液,扫描激发光谱,选择最大激发波长。

(3) 标准曲线的绘制及试样的测量:将发射波长、激发波长分别固定在最大发射波长,最大激发波长处,以 w=0.01 乙酸溶液为空白溶液,从低浓度至高浓度分别测量维生素 B_2 标准系列溶液的发射强度。在同样的条件下测定试样溶液。

五、数据处理

以维生素 B_2 标准溶液的浓度(mg · L^{-1})为横坐标,以荧光强度为纵坐标,绘制标准曲线,从标准曲线上查出试样中维生素 B_2 的浓度 ρ_2(mg · L^{-1}),然后根据试样称量量 m_1(mg)按下式计算试样中维生素 B_2 的质量分数。

$$w(\text{维生素 B}_2)=\frac{\rho_2\times10^{-3}}{m_1\times\frac{1}{100}\times\frac{5.0}{100}\times\frac{5.0}{100}}$$

六、实验指导

1. 维生素 B_2 在强酸条件下最稳定,故溶液稀释时应以醋酸溶液稀释。
2. 维生素 B_2 遇强光或紫外线易分解,故应避光保存。

七、思考题

1. 试比较荧光光度法和紫外分光光度法的灵敏度,并解释原因。
2. 维生素 B_2 在 pH=6~7 时荧光最强,本实验为什么在酸性溶液中测定?

(西安交通大学　李银环)

实验三十六　荧光法测定硫酸奎尼丁的含量

一、实验目的

1. 掌握用荧光法测定药物含量的方法。
2. 学习 WGY-10 型荧光分光光度计的使用方法。

二、实验用品

1. 硫酸奎尼丁标准品，硫酸奎尼丁试样，$c(H_2SO_4)=0.05mol \cdot L^{-1}$。
2. WGY-10 型荧光分光光度计，容量瓶(50mL)，吸量管(5mL)。

三、实验原理

奎尼丁为金鸡纳皮中所含生物碱，为抗疟药奎宁的右旋体，属生物碱类抗心律失常药。常用其硫酸盐，为白色细针状结晶，易溶于乙醇中。

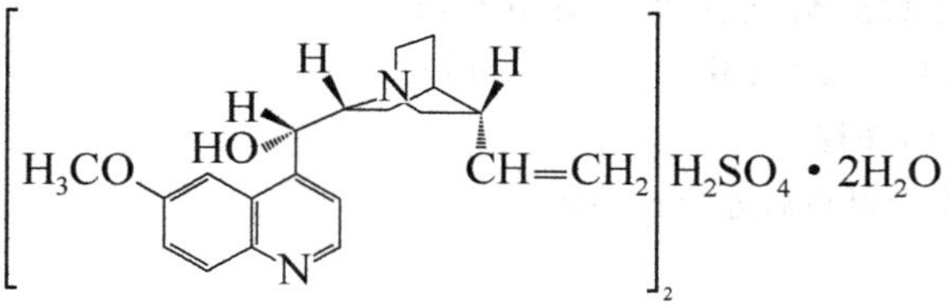

其分子具有喹啉环结构(不饱和稠环)，在 355nm 处，可对紫外光产生吸收，从而产生较强的荧光。因此可用荧光法测定硫酸奎尼丁。本实验采用 WGY-10 型荧光分光光度计测定其荧光强度，用标准曲线法计算试样的含量。

四、实验内容

1. 硫酸奎尼丁标准溶液的配制　准确移取用 $0.05mol \cdot L^{-1}$ 硫酸配制的硫酸奎尼丁($100mg \cdot L^{-1}$)1.00、2.00、3.00、4.00 及 5.00mL，分别置于 50.00mL 容量瓶中，用 $0.05moL \cdot L^{-1}$ 硫酸稀释至刻度，摇匀，待测。

2. 硫酸奎尼丁试样溶液的配制　准确称取硫酸奎尼丁试样约 50mg，用 $0.05mol \cdot L^{-1}$ 硫酸溶解并定容于 50mL 容量瓶中，摇匀。准确移取此溶液 0.50mL 于 100mL 容量瓶中，用 $0.05mol \cdot L^{-1}$ 硫酸稀释至刻度，摇匀，待测。

3. 硫酸奎尼丁的激发光谱与发射光谱的测定　用浓度为 $10mg \cdot L^{-1}$ 的硫酸奎尼丁标准溶液，在 WGY-10 型荧光分光光度计上扫描光谱，先将激发波长固定在 360nm，在 400～500nm 扫描发射光谱，然后在最大发射波长处，在 300～420nm 扫描激发光谱，从光谱图上找到最大发射波长和最大激发波长。

4. 在测定条件下测定空白溶液和硫酸奎尼丁标准溶液的荧光强度。

5. 在与标准溶液相同的实验条件下，测量空白溶液($0.05mol \cdot L^{-1}$ 硫酸)和硫酸奎宁尼丁样品溶液的荧光强度，并从试样溶液的荧光强度中扣除空白溶液的荧光强度，即为试样溶液的实际荧光强度。

五、数据处理

以硫酸奎尼丁标准溶液的质量浓度(ρ)为横坐标,以所测荧光强度(F)与空白溶液的荧光强度(F_0)的差值为纵坐标,绘制校准曲线(F-ρ)。从校准曲线上查出待测试液中硫酸奎尼丁的质量浓度,并计算试样中硫酸奎尼丁的质量分数。

六、实验指导

硫酸奎尼丁溶液稀释时也可以用醋酸溶液稀释。

七、思考题

1. 荧光分光光度计与紫外-可见分光光度计在结构上有何异同?
2. 测定试样液、标准液时,为什么要测定硫酸的空白溶液?

【附】 WGY-10 型荧光分光光度计使用方法

插电源,先开氙灯,再开主机和计算机,预热 20 分钟。

双击桌面上的 WGY-10 图标。

进入初始化界面,初始化结束后进行下列操作。

1. 光谱扫描

(1) 发射光谱扫描:扫描方式选[发射扫描方式];设置实验条件:①定激发波长;②设置仪器参数;③点击[单程];④点击保存,选择[寄存品]命名。

(2) 激发光谱扫描:扫描方式选[激发扫描方式];设置实验条件:①定发射波长;②设置仪器参数;③点击[单程];④ 点击保存,选择[寄存品]命名。

2. 含量测定

(1) 点击[浓度]进入浓度界面。

(2) 设置波长。

(3) 点击[建立浓度标准曲线],根据提示向下操作。

(4) 点击[存储当前浓度曲线]起文件名点保存。

(5) 点击[测样]试样点就会出现在标准曲线上,直接读出浓度。

(西安交通大学　李银环)

实验三十七　高效液相色谱仪的性能检查与色谱参数的测定

一、实验目的

1. 熟悉高效液相色谱仪性能检查和色谱参数测定的方法。
2. 了解高效液相色谱仪的一般使用方法。

二、实验原理

1. 高效液相色谱仪的性能指标　不同厂家生产的高效液相色谱仪均有一定的技术参数指标，因此需对其主要性能指标进行检查。高效液相色谱仪的性能指标主要包括：

(1) 流量精度：仪器流量的重复性，以重复测定流量的相对标准偏差表示。

(2) 噪音：由于各种未知的偶然因素所引起的基线起伏。噪声的大小用基线带宽来衡量，通常以毫伏(mV)或安培(A)为单位。

(3) 漂移：在一定时间内，基线朝一个方向的缓慢变化。用单位时间内基线水平的变化来表示。

(4) 检测限：检测限系指试样中被测物能被检测出的最低量。以某组分所产生的信号大小等于噪声3倍时，每毫升流动相所含该组分的量来表示，检测限也称为敏感度。

计算公式

$$D=\frac{3N}{S}$$

其中

$$S=\frac{AF}{1000\times 60\times m}$$

式中，N—噪声(mV)；

m—试样质量(g)；

A—峰面积(μV·s)；

F—流量(mL·min^{-1})；

S—灵敏度(mV·mL·g^{-1})。

(5) 定性重复性：在同一实验条件下，组分保留时间的重复性。通常以被分离组分的保留时间之差(Δt_R)的相对标准偏差来表示。$RSD\leqslant 1\%$通常认为合格。

(6) 定量重复性：在同一实验条件下，色谱峰面积(或峰高)的重复性。通常以被分离组的峰面积比的相对标准偏差来表示。$RSD\leqslant 2\%$通常认为合格。

2. 色谱参数　高效液相色谱参数包括定性参数、定量参数、柱效参数和分离参数等。本实验主要测定下列色谱参数。

理论塔板数：$n=5.54\left(\frac{t_r}{W_{1/2}}\right)^2$

理论塔板高度：$H=\frac{L}{n}$

有效塔板数：$n_{\text{eff}}=5.54\left(\frac{t'_r}{W_{1/2}}\right)^2$

容量因子：$k=\frac{t'_r}{t_0}=\frac{t_r-t_0}{t_0}=\frac{KV_S}{V_m}$

分配系数比：$\alpha=\frac{K_2}{K_1}=\frac{k_2}{k_1}$

分离度：$R=\frac{2(t_{r_2}-t_{r_1})}{W_1+W_2}=\frac{1.177(t_{r_2}-t_{r_1})}{W_{1/2}(1)+W_{1/2}(2)}$

上述各式中 t_r 为保留时间；$W_{1/2}$ 为半峰宽；L 为柱长；t_r 为调整保留时间；t_0 为死时间；K 为分配系数；V_S 为柱内固定相体积；V_m 为柱内流动相体积；W 为峰宽。

三、实验用品

1. 苯(AR)，萘(AR)，苯磺酸钠(AR)，甲醇(色谱纯)，水(三蒸)。

2. 岛津 LC-10A*vp* 型高效液相色谱仪，CLASS-*vp* 色谱工作站，ODS 色谱柱，容量瓶(10mL)。

四、实验内容

1. 观察流动相流路　观察流动相流路，检查流动相是否够用，废液出口是否接好。

2. 流量精度的测定

(1) 在指标流量：1.0、2.0、3.0mL · min^{-1} 三点测定流量。用 10mL 容易瓶在流动相出口处接收流出液。准确记录流出 10mL 所需的时间，换算成流速 10(mL/min)，重复测定 5 次。按表 4-8 记录。

表 4-8　实验记录

指示流量	1.0mL · min^{-1}		2.0mL · min^{-1}		3.0mL · min^{-1}	
测得流量	t/10mL	mL · min^{-1}	t/10mL	mL · min^{-1}	t/10mL	mL · min^{-1}
1						
2						
3						
4						
5						
平均值						
SD						
RSD(%)						

(2) 结论

3. 基线稳定性的测定(噪声和漂移)

(1) 色谱条件：色谱柱：ODS 柱(15cm×4.6cm，5μm)。

流动相：甲醇一水(80 : 20)。

流速：0.8mL · min^{-1}。

检测器：二级管阵列检测器(DAD)，254nm。

柱温：25℃。

(2) 待仪器稳定后，将检测器灵敏度放在较高档，记录基线 1 小时，测定基线带宽为噪声。噪声带中心的结尾位置与起始位置之差为漂移。

4. 检测限和重复性的测定

(1) 色谱条件：同 3(1)。

(2) 试样：苯(1mg · L^{-1})、萘(0.05mg · L^{-1})及苯磺酸钠(0.02mg · L^{-1})(用于测定死

时间，t_0）的甲醇或流动相溶液。

（3）待仪器基线稳定后，进样 20μL，重复 5 次。按下表 4-9 记录。

表 4-9　重复性实验测定结果表

项目	1	2	3	4	5	平均值	*SD*	RSD(%)
t_0								
t_R(苯)								
t_R(萘)								
Δt_R								
$A_苯$								
$A_萘$								
$W_{1/2}$(苯)								
$W_{1/2}$(萘)								
$A_苯/A_萘$								

（4）以萘计算检测限，以保留时间和峰面积分别计算仪器的定性、定量重复性。

（5）结论。

5. 色谱参数的测定　用 4 中数据计算理论塔板数、理论塔板高度、有效塔板数、容量因子、分配系数比和分离度。

五、实验指导

1. 测定流量时，因流速较大，故应打开泵的排液阀，使流动相不经过色谱柱，防止压力过大而对系统造成损坏。

2. 检测器为二极管阵列检测器，本身基线噪声较大，故检测器灵敏度不需要调得过高。

3. 计算塔板数和分离度时，应注意 t_r 和 $W_{1/2}$ 单位一致。

六、思考题

1. 检测限和灵敏度有什么不同？为什么用检测限而不是灵敏度作为仪器的性能指标？

2. 分配系数比有何意义？其主要影响因素有哪些？

3. 什么是分离度？其影响因素有哪些？

【附】　岛津 LC-10A*vp* 型高效液相色谱仪

一、操作说明

1. 开机

（1）打开系统控制器、在线脱气机、泵、检测器、柱温箱电源。

（2）打开计算机电源。

（3）点击 Class-*vp* 工作站图标，打开液相色谱工作站。

2. 方法编辑

(1) 点击泵图标,设置泵参数(流速、流动相比例),点击“Download”,关闭窗口。

(2) 选择 CT-10Asvp 项下,设置柱温,点击“Download”. 关闭窗口。

(3) 点击“检测器 SPDA”图标,选择光源、设置波长,关闭窗口。

(4) 点击“Oven”,“Lamp”,“System”,“Pump”,“LCD”图标,分别打开柱温箱、光源、系统控制器、输液泵。

3. 进样分析

(1) 待色谱仪稳定后,点击“Single-run”,在“Single-run Acquisition”对话框中填写相应的文件路径及名称,点击“Start”。

(2) 进样。

(3) 结果分析。

4. 关机

(1) 对色谱柱及系统进行清洗。

(2) 工作站上关闭光源、泵、柱温箱、系统控制器等。

(3) 关闭计算机。

(4) 关闭色谱仪电源。

二、使用注意事项

用高效液相色谱仪进行分析时,即使装置无故障,有时也会无法做准确的分析。分析前做检查,可防患于未然。因此,将平时应注意的事项做简要介绍。

1. 启动前的检查

(1) 流动相必须经过过滤,再送液泵内。为防止杂质(固体)进入流路,装有吸滤器,但网眼孔径为 10μm,比此更小的颗粒仍可通过,这会导致流路及色谱柱堵塞和污染。为此,常用 Millipore 滤膜(0.2μm 或 0.45μm)对流动相进行过滤。同时,输液泵的过滤器应经常清洗或更换。

(2) 流动相恢复到室温后使用。流动相温度与室温相差时,流动相在恢复到室温前,基线水平很难稳定(特别是发生漂移),容易产生气泡等现象。水与有机溶剂混合时,混合液的温度变化大,往往会与室温相差很大,务必注意。

(3) 流动相应先脱气,以免在泵内产生气泡,影响流量的稳定性或使检测器产生噪声。

(4) 更换无互溶性的流动相和缓冲液流动相时:在这种情况下,应准备与新旧流动相具有互溶性的中间清洗液(换缓冲液时,用蒸馏水作为中间清洗液)。首先换成中间清洗液,然后再把中间清洗液换成新的流动相。

(5) 通常在输液前进行流动相的清洗。如停机时夜间的室温与白天相差大时,或几天不开机时,有时在泵头内会产生气泡,如不清除就输液,会由于气泡不能脱出造成输液不畅,因此,需进行 5 分钟清洗,排除气泡。

2. 启动后(等待稳定后)的检查

(1) 漏液检查:确认在分析条件下装置启动后,液体流过的部分全部不漏液。如有漏液,要把漏液处系紧或更换零件。

(2) 泵的压力检查:输液泵的压力必须稳定,才能取得良好的分析结果。根据需要的压力和流动相种类的不同,压力变动幅度有所差异,一般在 0.5MPa 以内为正常。在压力变动大时,再清洗一次后,如还是不行,则应考虑单向阀内部是否污染。

(3) 基线检查:确认基线始终稳定。如噪声异常大时,可认为是检测池中进入气泡未脱出。如出现漂移和不规则波动时,则可能为色谱柱、流路配管、检测池、流动相等受到污染,须进行彻底清洗:如产生规则的(周期性的)波动时,可考虑空气调节器的风直吹在检测器上,或由于空调设备性能造成室温变化所致。

3. 分析结束

(1) 色谱柱的清洗:在一段时间不进行分析时,建议清洗色谱柱,并从装置上卸下。不同种类的色谱柱,清洗的方法不同,必须按色谱柱的说明书确认。

(2) 装置的清洗：使用缓冲液时，分析完后必须用水清洗。为防止流路内部发霉或产生细菌，建议用异丙醇、甲醇等醇清洗流路后进行封存。

（西安交通大学　李晓勇）

实验三十八　对乙酰氨基酚(扑热息痛)含量的测定

一、实验目的

1. 掌握用内标法测定药物含量的方法。
2. 熟悉高效液相色谱仪的使用方法。

二、实验原理

扑热息痛即对乙酰氨基酚，解热镇痛药。通过抑制环氧化酶，选择性抑制下丘脑体温调节中枢前列腺素的合成，导致外周血管扩张、出汗而达到解热的作用。其稀碱溶液在(257±1)nm 波长处有最大吸收，可用于含量测定。在其生产过程中，有可能引入对氨基酚等中间体，这些杂质也有紫外吸收，《国家药典(2010 版)》说明采用分光光度法测定不如采用高效液相色谱法测定含量更为合适。

内标法加校正因子测定试样中某个杂质或主成分含量，是高效液相色谱中常用的定量分析方法。内标法是在试样溶液中加入内标物质，再经过高效液相色谱分析，以试样中待测组分和内标物的峰面积或峰高之比确定待测组分的含量。

中华人民共和国药典 2010 版规定测定方法为：按各品种项下的规定，精密称(量)取对照品和内标物质，分别配成溶液，精密量取各溶液，配成校正因子测定用的对照溶液。取一定量注入仪器，记录色谱图。测量对照品和内标物质的峰面积或峰高，按下式计算校正因子：

$$校正因子\ f=\frac{A_s/c_s}{A_R/c_R}$$

式中，A_s—内标物质的峰面积或峰高；

A_R—对照品的峰面积或峰高；

c_s—内标物质的浓度；

c_R—对照品的浓度。

再取各品种项下含有内标物质的试样溶液，注入仪器，记录色谱图，测量试样中待测成分(或杂质)和内标物质的峰面积或峰高，按下式计算含量：

$$含量\quad c_x=f\cdot\frac{A_X}{A_s/c_s}$$

式中，A_x 为试样(或杂质)峰面积或峰高；

c_x 为试样(或杂质)的浓度。

三、实验用品

1. 对乙酰氨基酚对照品，非那西汀对照品(内标物)，甲醇(色谱醇)，水(三蒸)。

2. 岛津 LC-10A*vp* 型高效液相色谱仪，CLASS-*vp* 色谱工作站，微量注射器(25μL)。

四、实 验 内 容

1. 色谱条件

(1) 色谱柱：ODS 柱(15cm×4.6cm，5μm)。

(2) 流动相：甲醇—水(60∶40)。

(3) 流速：0.8mL · min^{-1}。

(4) 检测器：二级管阵列检测器(DAD)257nm。

(5) 柱温：25℃。

2. 对照品溶液的配制　分别精密称取对乙酰氨基酚对照品约 50mg、内标物质非那西汀约 50mg，置 100mL 容量瓶中，加甲醇适量，振摇，使溶解，并稀释至刻度，摇匀；精密量取 1mL，置 50mL 容量瓶中，用流动相稀释至刻度，摇匀即得。

3. 试样溶液的配制　精密称取对乙酰氨基酚试样约 50mg、内标物质非那西汀约 50mg，置同一 100mL 容量瓶中，加甲醇适量，振摇，使溶解，并稀释至刻度，摇匀；精密量取 1mL，置 50mL 容量瓶中，用流动相稀释至刻度，摇匀即得。

4. 进样分析　用微量注射器吸取对照品溶液，进样 20μL，记录色谱图，重复 3 次。以同样的方法分析试样溶液。

5. 计算结果　按照上式先计算校正因子，再计算试样中所含扑热息痛的含量。

五、实 验 指 导

实验中可能有杂质干扰测定，可通过改变流动相甲醇和水的比例或流速来改善分离条件，使分离度达到定量分析的要求。

六、思　考　题

1. 内标法有何优点？

2. 如何选择内标物质？

(西安交通大学　李骁勇)

实验三十九　苯、甲苯和二甲苯分离与鉴定及色谱系统适用性试验

一、实 验 目 的

1. 掌握用已知物对照法定性鉴定的原理与方法。

2. 熟悉色谱系统适用性试验的方法及高效液相色谱的使用方法。

二、实 验 原 理

已知物对照法是高效液相色谱中常用的一种定性鉴别方法。它是根据相同物质在相同色谱柱及操作条件下具有相同保留时间的原理进行定性鉴定的。方法是在同一分析条件下，分别测定已知对照品和试样，将试样待鉴定组分的保留值与对照品的保留值进行比较定性；或将适量已知物加入试样中，对比前后色谱图的变化，若加入后待鉴定组分的色谱峰相对增高，则可初步判定两者为同一化合物。

采用高效液相色谱法对化合物进行含量测定或定性鉴别时，需按各品种项下要求对仪器进行适用性试验，即用规定的对照品对仪器进行试验和调整，应达到规定的要求；或规定分析状态下色谱柱的最小理论板数、分离度、重复性和拖尾因子。若不符合要求，则应通过改变色谱柱的条件或改变分离条件来加以改进，使其达到有关要求。

1. 色谱柱的理论板数(n)　在选定的条件下，注入试样溶液或各品种项下规定的内标物质溶液，记录色谱图，测量试样主成分或内标物质峰的保留时间 t_R（以分钟或长度计，应取相同单位，下同）和半峰高宽($W_{1/2}$)，按 $n=5.54(t_R/W_{1/2})$ 计算色谱柱的理论板数。如果测得理论板数低于各品种项下规定的最小理论板数，应改变色谱柱的某些条件（如柱长、载体性能、色谱柱充填的优劣等），使理论板数达到要求。

2. 分离度　定量分析时，为便于准确测量，要求定量峰与其他峰或内标峰之间有较好的分离度。分离度(R)的计算公式为：

$$R=\frac{2(t_{R,2}-t_{R,1})}{W_1+W_2}$$

式中，$t_{R,2}$—相邻两峰中后一峰的保留时间；

$t_{R,1}$—相邻两峰中前一峰的保留时间；

W_1 及 W_2—此相邻两峰的峰宽。

除另有规定外，分离度应大于 1.5。

3. 重复性　取各品种项下的对照溶液，连续进样 5 次，除另有规定外，其峰面积测量值的相对标准偏差应不大于 2.0%。也可按各品种校正因子测定项下，配制相当于 80%、100%和 120%的对照品溶液，加入规定量的内标溶液，配成 3 种不同浓度的溶液，分别进样 3 次，计算平均校正因子，其相对标准偏差也应不大于 2.0%。

4. 拖尾因子　为保证测量精度，特别当采用峰高法测量时，应检查待测峰的拖尾因子(T)是否符合各品种项下的规定，或不同浓度进样的校正因子误差是否符合要求。拖尾因子计算公式为：

$$T=\frac{W_{0.05h}}{2d_1}$$

式中，$W_{0.05h}$—0.05 峰高处的峰宽；

d_1—峰极大至峰前沿之间的距离。

除另有规定外，T 应在 0.95～1.05 间。

三、实 验 用 品

1. 苯、甲苯、二甲苯对照液及含有三组分的混合试样液，甲醇（色谱纯），水（三蒸）。

2. 岛津 LC-10A*vp* 型高效液相色谱仪，CLASS-*vp* 色谱工作站，微量注射器（25μL）。

四、实验内容

1. 色谱条件

（1）色谱柱：ODS 柱（15cm×4.6cm，5μm）。

（2）流动相：甲醇一水（70：30）。

（3）流速：1.0mL · min^{-1}。

（4）检测器：二极管阵列检测器（DAD），254nm。

（5）柱温：25℃。

2. 对照品溶液的配制　精密称取苯、甲苯和二甲苯对照品约 50mg，分别置 100mL 容量瓶中，加甲醇并稀释至刻度，摇匀即得。

3. 试样溶液的配制　精密称取苯、甲苯和二甲苯试样约 50mg，置同一 100mL 容量瓶中；加甲醇并稀释至刻度，摇匀即得。

4. 进样分析　待基线平直后，用微量注射器分别吸取苯、甲苯、二甲苯对照品溶液及试样溶液各 10μL 进样（3 次进样取平均值），绘制流出曲线，记录各组分峰的保留时间，以各组分的保留时间确定试样色谱图中各峰的归属。

5. 色谱系统适用性试验　测定试样液中各组分的峰高 h、半峰宽 $W_{1/2}$、0.05 倍峰高处的峰宽 $W_{0.05h}$ 和 d_1 值，按公式计算色谱系统适用性试验的主要系统参数。

五、实验指导

1. 采用已知物的绝对保留值对照定性时，需保持试验条件的恒定。

2. 实验中可通过选择不同极性、适当长度的色谱柱，调整流动相中甲醇和水的比例或流速，以达到色谱系统适用性试验的要求。

3. 市售分析纯二甲苯中常含有大量乙苯，因此应使色谱柱保持较好的状态，以确保较好的分离效果。

六、思考题

1. 用已知物对照法定性应注意什么？如何操作？

2. 色谱系统适用性试验的目的是什么？

3. 对于色谱柱来说，理论塔板数是常数吗？它与哪些因素有关？

4. 若组分间的分离度未达到要求，可通过调整哪些试验条件来加以改善？

5. 不对称峰的出现与何因素有关？如何使色谱峰的对称因子符合要求？

（西安交通大学　李骁勇）

第五章　综合设计实验

实验四十　水果蔬菜中维生素C含量的测定（紫外快速测定法）

一、实验目的

1. 激发学生探索未知知识领域的兴趣。
2. 培养文献资料的查阅能力。
3. 培养根据实验对象筛选、拟定实验方案能力。
4. 掌握紫外快速测定果蔬中维生素C含量的方法。

二、原　　理

维生素C又称抗坏血酸，广泛存在于水果及蔬菜中，其含量又因植物种类不同而差异较大。维生素C对光敏感，易氧化为脱氢抗坏血酸而失去生理活性。测定维生素C的方法很多，常用的有2,6-二氯靛酚滴定法、碘量法、荧光法、高效液相色谱法等。

紫外测定法是维生素C快速测定的方法，操作简单，不受其他还原性物质等成分的干扰。其原理是根据维生素C具有与羰基共轭的烯二醇结构，对紫外光产生吸收、对氧不稳定的特性，经活性炭催化氧化为脱氢抗坏血酸，在适当波长处测定样品液与活性炭处理样品液两者吸光度值之差，并借助标准曲线计算出维生素C的含量。

三、实验内容

1. 以小组为单位，根据指定的内容，查阅有关文献资料。在查阅文献资料的基础上选择自己喜欢的水果或蔬菜作为测试对象。
2. 对文献内容进行讨论，以确定具体测试方法，拟定试样处理和分析的具体步骤。
3. 列出所需试剂的规格、用量；列出所需仪器及器皿的名称、型号或规格。
4. 配制所需试剂溶液。
5. 按照拟定的实验步骤完成实验操作，并做好记录。
6. 计算试样中维生素C含量。

四、实验指导

1. 确定测定方法　根据试样中维生素C含量的实际情况，初步判断选择何种紫外分析方法。
2. 确定标准溶液浓度范围　根据维生素C的吸收系数，吸光度A的适宜范围，估算浓度范围。

3. 确定样品的取样量、前处理及溶液配制方法。

（西安医学院　扈本荃）

实验四十一　硫酸亚铁铵的制备及测定

一、实验目的

1. 根据实验题目拟出实验方案。
2. 学习复盐的制备及性质。
3. 巩固无机制备基本操作，了解微型实验方法与操作。
4. 培养综合实验能力。

二、实验原理

硫酸亚铁铵$(NH_4)_2Fe(SO_4)_2 \cdot 6H_2O$，俗称莫尔盐，为浅蓝绿色单斜晶体，易溶于水，难溶于酒精。在空气中比亚铁盐稳定，不易被氧化，可作为氧化还原滴定法中的一级标准物质。

常用的制备方法是用铁与稀硫酸作用制得硫酸亚铁，再用$FeSO_4$与$(NH_4)_2SO_4$在水溶液中等物质的量相互作用，复盐的溶解度比单盐要小，因此经冷却后在水溶液中首先结晶，形成$(NH_4)_2FeSO_4 \cdot 6H_2O$复盐。一般亚铁盐在空气中都易被氧化，但形成复盐后却比较稳定，不易被氧化。

三、实验内容

1. 查阅相关的文献和资料，结合实际情况确定制备方法和含量测定的方法。
2. 写出制备的详细过程和含量测定的方法。
3. 按照预定的方法制备硫酸亚铁铵。
4. 计算产率。
5. $(NH_4)_2Fe(SO_4)_2 \cdot 6H_2O$含量的测定。

四、实验指导

硫酸亚铁铵制备过程中应严格按照程序操作，防止Fe^{2+}氧化。

（西安交通大学　李骁勇）

实验四十二　蛋壳中Ca、Mg含量测定（配位滴定法）

一、实验目的

1. 培养查阅文献、资料的能力。

2. 培养根据实验题目拟出实验方案的能力。
3. 综合练习试剂配制、滴定等操作技能。
4. 掌握对试样中某组分含量测定的一般步骤。

二、实验内容

查阅有关文献、资料，结合实际情况确定试样处理和定量分析的方法。
1. 写出试样处理和分析的详细步骤。
2. 列出所需试剂、规格、数量并配制成试液。
3. 列出所需的器材名称、型号和数量。
4. 计算出钙镁的总量(以 CaO 质量分数表示)。

三、实验指导

1. 蛋壳的预处理 先将蛋壳洗净，加水煮沸 5～10 分钟，除去蛋壳内表层的蛋白薄膜，然后把蛋壳放于蒸发皿中，用小火烤干，用研钵研成粉末。

2. 确定蛋壳粉称量范围的方法 先粗略确定蛋壳粉中钙镁的大约含量，再估算蛋壳粉的称量范围。可先在台秤上称取少量蛋壳粉(如 0.2g)，置于锥形瓶中，逐滴加入 HCl 溶解。若有泡沫，滴加 2～3 滴 φ(乙醇)＝0.95 溶液，泡沫消除后，滴加水至刻度线，加塞摇匀。用氨缓冲液调 pH 后用 EDTA 滴定。根据消耗 EDTA 的体积，就可以确定正式测定时蛋壳的称量范围。

3. 实验结束，以小论文形式写出实验报告。

(西安交通大学 李健军)

实验四十三 草酸含量的测定

一、实验目的

1. 培养文献资料的查阅能力及发散性思维能力。
2. 培养根据实验对象筛选、拟定实验方案能力。
3. 进一步掌握滴定分析的操作技能。

二、实验原理

草酸试样中主要成分为 $H_2C_2O_4$，可用酸碱滴定法测定 $H_2C_2O_4$ 含量，滴定反应式为：

$$H_2C_2O_4 + 2OH^- \rightleftharpoons C_2O_4^{2-} + 2H_2O$$

也可用 $KMnO_4$ 氧化还原滴定法测定 $H_2C_2O_4$ 的含量，其滴定反应式为：

$$5H_2C_2O_4 + 2MnO_4^- + 6H^+ \rightleftharpoons 2Mn^{2+} + 10CO_2 + 8H_2O$$

三、实验内容

1. 在查阅文献资料的基础上选择适当的分析方法。
2. 拟定试样处理和分析的具体步骤。
3. 列出所需试剂的规格、用量;列出所需仪器及器皿的名称、型号或规格。
4. 配制所需试剂溶液。
5. 按照拟定的实验步骤完成实验操作,并做好记录。
6. 计算试样中 $H_2C_2O_4$ 含量。

四、实验指导

1. 确定滴定方法　根据试样中是否含有酸碱性杂质或氧化还原性杂质来确定选择何种滴定方法。

2. 确定标准溶液浓度范围　采用比较常用的标准溶液浓度范围。

3. 确定试样称量范围　先根据标准溶液滴定用量约为 20mL,试样中 $H_2C_2O_4$ 质量分数为 0.50 计算试样粗略称量范围,再根据实际滴定用量确定试样准确称量范围。

(西安交通大学　关　放)

实验四十四　阿莫西林含量测定(高效液相色谱法)

一、实验目的

1. 培养查阅文献、资料的能力。
2. 掌握外标法的实验步骤和计算方法。
3. 了解离子抑制色谱法。

二、实验原理

阿莫西林为(2S,5R,6R)-3,3-二甲基-6-[(R)-(-)-2-氨基-2-(4-羟基苯基)乙酰氨基]-7-氧代-4-硫杂-1-氮杂双环[3,2,0]庚烷-2-甲酸三水合物($C_{16}H_{19}N_3O_5S \cdot 3H_2O$, Mr = 419.46),是 β-内酰胺类抗生素药。阿莫西林的分子结构中的酰胺侧链为羟苯基取代,具有紫外吸收特征,因此可利用紫外检测器检测。《中华人民共和国药典(2010 版)》规定了阿莫西林的含量测定方法,采用高效液相色谱法进行。此外,因分子中有一羧基,有较强的酸性,故使用 pH 为 5 的缓冲溶液为流动相,即离子抑制色谱法进行测定。

三、实验内容

1. 查阅有关文献及资料,确定所需的色谱柱、流动相配制方法、流动相比例。

2. 列出所需试剂及试样，按要求配制。
3. 按高效液相色谱法含量测定要求，分析试样。
4. 计算阿莫西林的含量。

四、实验指导

1. 国家药典规定，按阿莫西林峰计算，理论塔板数应不低于 1700。
2. 因流动相为无机盐缓冲溶液，故实验完毕后，需先用纯水清洗整个系统，待确定无盐后，再使用甲醇清洗系统。

（西安交通大学　李骁勇）

实验四十五　水中化学耗氧量的测定（$KMnO_4$ 法）

一、实验目的

1. 培养文献资料的查阅能力及根据实验对象筛选、拟定实验方案能力。
2. 了解测定水中耗氧量的意义。
3. 学会测定水中耗氧量的方法。

二、实验原理

水中化学耗氧量（COD）是衡量水体受还原性物质污染程度的综合性指标之一，指在一定条件下水体中易被强氧化剂氧化的还原性物质所消耗的氧化剂的量，以 O_2 的质量浓度 ρ 表示。水中化学耗氧量的测定一般多采用 $KMnO_4$ 滴定法，若水样为污染程度较重、成分复杂的生活及工业污水，则宜用重铬酸钾滴定法。

三、实验内容

1. 在查阅文献资料及了解试样来源的基础上选择适当的分析方法。
2. 拟定试样处理和分析的具体步骤。
3. 列出所需试剂的规格、用量。
4. 列出所需仪器及器皿的名称、型号或规格。
5. 配制所需试剂溶液。
6. 按照拟定的实验步骤完成实验操作，并做好记录。
7. 计算试样中化学耗氧量。

四、实验指导

1. 确定滴定方法　根据试样来源、水体色度及浑浊度初步判断选择何种滴定方法。

2. 确定标准溶液浓度范围　采用比较常用的标准溶液浓度范围。

3. 确定取样范围　先根据标准溶液滴定用量应约为 20mL，吸取一定量试样粗略滴定，根据实际滴定用量确定取样范围。

（西安交通大学　关　放）

实验四十六　盐酸普萘洛尔片含量的测定（紫外分光光度法）

一、实验目的

1. 培养查阅文献、资料的能力及根据实验题目拟出实验方案的能力。
2. 进一步熟悉紫外分光光度计的操作。
3. 掌握紫外分光光度法测定片剂含量的一般步骤和操作。

二、实验原理

盐酸普萘洛尔又名心得安，为白色或类白色的结晶性粉末，其甲醇溶液在 290、306 与 319nm 波长处有最大吸收，在 290nm 波长处的比吸光系数（$E_{1cm}^{1\%}$）为 207，因此可在 290nm 处测定吸光度，计算含量。《中华人民共和国药典（2010 版）》规定盐酸普萘洛尔（$C_{16}H_{21}NO_2 \cdot HCl$）的含量应为标示量的 93.0%～107.0%。

三、实验内容

1. 查阅有关文献、资料，结合实际情况确定样品处理和定量分析的方法。
2. 写出样品处理和分析的详细步骤。
3. 列出所需试剂、规格、数量并配制成试液。
4. 列出所需的器材名称、型号和数量。
5. 计算盐酸普萘洛尔片的含量。

实验结束，以小论文形式写出实验报告。

四、实验指导

1. 确定标准溶液浓度范围，以保证合适的吸光度范围。
2. 确定取样范围，以保证试样吸光度在标准曲线范围内。

（西安交通大学　李健军）

附　　录

附录 1　元素的原子量(2005)

按照原子序数排列,以 $A_r(^{12}C)=12$ 为基准

元素			原子序	原子量
符号	号称	英文名		
H	氢	Hydrogen	1	1.00794(7)
He	氦	Helium	2	4.002602(2)
Li	锂	Lithium	3	6.941(2)
Be	铍	Beryllium	4	9.012182(3)
B	硼	Boron	5	10.811(7)
C	碳	Carbon	6	12.0107(8)
N	氮	Nitrogen	7	14.0067(2)
O	氧	Oxygen	8	15.9994(3)
F	氟	Fluorine	9	18.9984032(5)
Ne	氖	Neon	10	20.1797(6)
Na	钠	Sodium	11	22.989770(2)
Mg	镁	Magnesium	12	24.3050(6)
Al	铝	Aluminum	13	26.981538(2)
Si	硅	Silicon	14	28.0855(3)
P	磷	Phosphorus	15	30.973761(2)
S	硫	Sulphur	16	32.065(5)
Cl	氯	Chlorine	17	35.453(2)
Ar	氩	Argon	18	39.948(1)
K	钾	Potassium	19	39.0983(1)
Ca	钙	Calcium	20	40.078(4)
Sc	钪	Scandium	21	44.955910(8)
Ti	钛	Titanium	22	47.867(1)
V	钒	Vanadium	23	50.9415(1)
Cr	铬	Chromium	24	51.9961(6)
Mn	锰	Manganese	25	54.938049(9)
Fe	铁	Iron	26	55.845(2)
Co	钴	Cobalt	27	58.933200(9)
Ni	镍	Nickel	28	58.6934(2)
Cu	铜	Copper	29	63.546(3)
Zn	锌	Zinc	30	65.39(2)
Ca	镓	Gallium	31	69.723(1)
Ge	锗	Germanium	32	72.64(1)
As	砷	Arsenic	33	74.92160(2)
Se	硒	Selenium	34	78.96(3)
Br	溴	Bromine	35	79.904(1)
Kr	氪	Krypton	36	83.80(1)
Rb	铷	Rubidium	37	85.4678(3)
Sr	锶	Strontium	38	87.62(1)
Y	钇	Yttrium	39	88.90585(2)
Zr	锆	Zirconium	40	91.224(2)
Nb	铌	Niobium	41	92.90638(2)
Mo	钼	Molybdenum	42	95.94(1)
Tc	锝	Technetium	43	[98]
Ru	钌	Ruthenium	44	101.07(2)
Rh	铑	Rhodium	45	102.90550(2)
Pd	钯	Palladium	46	106.42(1)
Ag	银	Silver	47	107.8682(2)
Cd	镉	Cadmium	48	112.411(8)
In	铟	Indium	49	114.818(3)
Sn	锡	Tin	50	118.710(7)
Sb	锑	Antimony	51	121.760(1)
Te	碲	Tellurium	52	127.60(3)
I	碘	Iodine	53	126.90447(3)
Xe	氙	Xenon	54	131.293(6)
Cs	铯	Cesium	55	132.90545(2)
Ba	钡	Barium	56	137.327(7)

续表

元素			原子序	原子量	元素			原子序	原子量
符号	号称	英文名			符号	号称	英文名		
La	镧	Lanthanum	57	138.9055(2)	Fr	钫	Francium	87	[223]
Ce	铈	Cerium	58	140.116(1)	Ra	镭	Radium	88	[226]
Pr	镨	Praseodymium	59	140.90765(2)	Ac	锕	Actinium	89	[227]
Nd	钕	Neodymium	60	144.24(3)	Th	钍	Thorium	90	232.0381(1)
Pm	钷	Promethium	61	[145]	Pa	镤	Protactinium	91	231.03588(2)
Sm	钐	Samarium	62	150.36(3)	U	铀	Uranium	92	238.02891(3)
Eu	铕	Europium	63	151.964(1)	Np	镎	Neptunium	93	[237]
Gd	钆	Gadolinium	64	157.25(3)	Pu	钚	Plutonium	94	[244]
Tb	铽	Terbium	65	158.92534(2)	Am	镅	Americium	95	[243]
Dy	镝	Dysprosium	66	162.50(3)	Cm	锔	Curium	96	[247]
Ho	钬	Holmium	67	164.93032(2)	Bk	锫	Berkelium	97	[247]
Er	铒	Erbium	68	167.259(3)	Cf	锎	Californium	98	[251]
Tm	铥	Thulium	69	168.93421(2)	ES	锿	Einsteinium	99	[252]
Yb	镱	Ytterbium	70	173.04(3)	Fm	镄	Fermium	100	[257]
Lu	镥	Lutetium	71	174.967(1)	Md	钔	Mendelevium	101	[258]
Hf	铪	Hafnium	72	178.49(2)	No	锘	Nobelium	102	[259]
Ta	钽	Tantalum	73	180.9479(1)	Lr	铹	Lawrencium	103	[262]
W	钨	Tungsten	74	183.84(1)	Rf		Rutherfordium	104	[261]
Re	铼	Rhenium	75	186.207(1)	Db		Dubnium	105	[262]
Os	锇	Osmium	76	190.23(3)	Sg		Seaborgium	106	[266]
Ir	铱	Iridium	77	192.217(3)	Bh		Bohrium	107	[264]
Pt	铂	Platinum	78	195.078(2)	Hs		Hassium	108	[277]
Au	金	Gold	79	196.96655(2)	Mt		Meitnerium	109	[268]
Hg	汞	Mercury	80	200.59(2)	Uun	*	Ununnilium	110	[281]
Tl	铊	Thallium	81	204.3833(2)	Uuu	*	Unununium	111	[272]
Pb	铅	Lead	82	207.2(1)	Uub	*	Ununbium	112	[285]
Bi	铋	Bismuth	83	208.98038(2)	Uuq	*	Ununquadium	114	[289]
Po	钋	Polonium	84	[209]	Uuh	*	Ununhexium	116	[289]
At	砹	Astatine	85	[210]	Uuo	*	Ununoctium	118	[293]
Rn	氡	Radon	86	[222]					

附录 2　常用式量(根据 2005 年公布的原子量计算)

化合物	分子量	化合物	分子量
AgBr	187.772	K_2CrO_4	194.194
AgCl	143.321	$K_2Cr_2O_7$	294.188
AgI	234.772	KH_2PO_4	136.086
$AgNO_3$	169.873	$KHSO_4$	136.170
Al_2O_3	101.9612	KI	166.003
As_2O_3	197.8414	KIO_3	214.001
$BaCl_2 \cdot 2H_2O$	244.263	$KIO_3 \cdot HIO_3$	389.91
BaO	153.326	$KMnO_4$	158.034
$Ba(OH)_2 \cdot 8H_2O$	315.467	KNO_2	85.10
$BaSO_4$	233.391	KOH	56.106
$CaCO_3$	100.087	K_2PtCl_6	486.00
CaO	56.0774	KSCN	97.182
$Ca(OH)_2$	74.093	$MgCO_3$	84.314
CO_2	44.0100	$MgCl_2$	95.211
CuO	79.545	$MgSO_4 \cdot 7H_2O$	246.476
Cu_2O	143.091	$MgNH_4PO_4 \cdot 6H_2O$	245.407
$CuSO_4 \cdot 5H_2O$	249.686	MgO	40.304
FeO	71.85	$Mg(OH)_2$	58.320
Fe_2O_3	159.69	$Mg_2P_2O_7$	222.553
$FeSO_4 \cdot 7H_2O$	278.0176	$Na_2B_4O_7 \cdot 10H_2O$	381.372
$FeSO_4(NH_4)_2SO_4 \cdot 6H_2O$	392.1429	NaBr	102.894
H_3BO_3	61.8330	NaCl	58.4890
HCl	36.4606	Na_2CO_3	105.9890
$HClO_4$	100.4582	$NaHCO_3$	84.0071
HNO_3	63.0129	$Na_2HPO_4 \cdot 12H_2O$	358.143
H_2O	18.01531	I_2	253.809
H_2O_2	34.0147	$KAl(SO_4)_2 \cdot 12H_2O$	474.3904
H_3PO_4	97.9953	KBr	119.002
H_2SO_4	98.0795	$Na_2S_2O_3$	158.110
$KBrO_3$	167.005	$Na_2S_2O_3 \cdot 5H_2O$	248.186
KCl	74.551	NH_3	17.03
$KClO_4$	138.549	NH_4Cl	53.49
K_2CO_3	138.206	NH_4OH	35.05

续表

化合物	分子量	化合物	分子量
$(NH_4)_3PO_4 \cdot 12MoO_3$	1876.35	ZnO	81.39
$(NH_4)_2SO_4$	132.141	C_2H_3COOH(醋酸)	60.05
$PbCrO_4$	323.19	$H_2C_2O_4 \cdot 2H_2O$(二水合草酸)	126.07
PbO_2	239.20	$KHC_4H_4O_6$(酒石酸氢钾)	188.178
$PbSO_4$	303.26	$KHC_8H_4O_4$(邻苯二甲酸氢钾)	204.224
P_2O_5	141.945	$K(SbO)C_4H_4O_6 \cdot 1/2H_2O$	333.928
SiO_2	60.085	(酒石酸锑钾)	
$NaNO_2$	69.00	$Na_2C_2O_4$(草酸钠)	134.00
Na_2O	61.9790	$NaC_7H_5O_2$(苯甲酸钠)	144.11
$NaOH$	39.9972	$Na_3C_6H_5O_7 \cdot 2H_2O$(柠檬酸钠)	294.12
SO_3	80.064	SO_2	64.065

附录 3 常见离子的颜色

离子	颜色	离子	颜色
$[Ti(H_2O)_6]^{3+}$	紫色	$[Fe(NCS)_n]^{3-n}$	血红色($n \leqslant 6$)
$[TiO(H_2O)_2]^{2+}$	橙色	$[Fe(CN)_6]^{4-}$	黄色
TiO^{2+}	无色	$[Fe(CN)_6]^{3-}$	红棕色
$[V(H_2O)_6]^{2+}$	蓝紫色	$[FeCl_6]^{3-}$	黄色
$[V(H_2O)_6]^{3+}$	绿色	$[FeF_6]^{3-}$	无色
VO^{2+}	蓝色	$[Fe(C_2O_4)_3]^{3-}$	黄色
VO_2^+	黄色	$[Co(H_2O)_6]^{2+}$	粉红色
$[Cr(H_2O)_6]^{2+}$	天蓝色	$[Co(NH_3)_6]^{2+}$	土黄色
$[Cr(H_2O)_6]^{3+}$	蓝紫色	$[Co(NH_3)_6]^{3+}$	红棕色
$[Cr(NH_3)_6]^{3+}$	黄色	$[Co(NCS)_4]^{2-}$	蓝色
$[CrCl(H_2O)_5]^{2+}$	蓝绿色	$[Ni(H_2O)_6]^{2+}$	亮绿色
$[CrCl_2(H_2O)_4]^+$	绿色	$[Ni(NH_3)_6]^{2+}$	蓝色
$[Cr(OH)_4]^-$	亮绿色	$[Ni(NH_3)_6]^{3+}$	蓝紫色
CrO_4^{2-}	黄色	$[Cu(H_2O)_4]^{2+}$	蓝色
CrO_7^{2-}	橙色	$[Cu(NH_3)_4]^{2+}$	深蓝色
$[Mn(H_2O)_6]^{2+}$	肉色	$[Cu(OH)_4]^{2-}$	亮蓝色
MnO_4^{2-}	绿色	$[CuCl_2]^-$	无色
MnO_4^-	紫红色	$[Cu(NH_3)_2]^+$	无色
$[Fe(H_2O)_6]^{2+}$	浅绿色	$[CuCl_4]^{2-}$	黄色
$[Fe(H_2O)_6]^{3+}$	浅紫色①	I_3^-	浅棕黄色

附录 4　常见化合物的颜色

物质	颜色	物质	颜色
PbO_2	棕褐色	VO	黑色
Pb_3O_4	红色	Cr_2O_3	绿色
Pb_2O_3	橙色	CrO_3	橙红色
Sb_2O_3	白色	MoO_2	紫色
Bi_2O_3	黄色	WO_2	棕红色
TiO_2	白色	MnO_2	棕色
V_2O_5	橙色或黄色	FeO	黑色
VO_2	深蓝色	$Cu(OH)_2$	浅蓝色
Fe_2O_3	棕红色	$Zn(OH)_2$	白色
Fe_3O_4	红色	$Cd(OH)_2$	白色
CoO	灰绿色	$PbCl_2$	白色
Co_2O_3	黑色	$TiCl_2 \cdot 6H_2O$	紫色或绿色
NiO	暗绿色	$CrCl_3 \cdot 6H_2O$	绿色
Ni_2O_3	黑色	$FeCl_3 \cdot 6H_2O$	棕黄色
CuO	黑色	$CoCl_2$	蓝色
Cu_2O	砖红色	$CoCl_2 \cdot H_2O$	蓝紫色
Ag_2O	褐色	$CoCl_2 \cdot 2H_2O$	紫红色
ZnO	白色	$CoCl_2 \cdot 6H_2O$	粉红色
CdO	棕黄色	Co(OH)Cl	蓝色
Hg_2O	黑色	CuCl	白色
HgO	红色或黄色	AgCl	白色
$Mg(OH)_2$	白色	Hg_2Cl_2	白色
$Al(OH)_3$	白色	$Hg(NH_2)Cl$	白色
$Sn(OH)_2$	白色	$PbBr_2$	白色
$Sn(OH)_4$	白色	AgBr	浅黄色
$Pb(OH)_2$	白色	$Cr(OH)_3$	灰绿色
$Sb(OH)_3$	白色	$Mn(OH)_2$	白色
$Bi(OH)_3$	白色	$Fe(OH)_2$	白色
V_2O_3	黑色	$Fe(OH)_3$	红棕色
$Ni(OH)_2$	绿色	$Mg_2(OH)_2CO_3$	白色
$Cu(OH)_2$	黄色	$SrCO_3$	白色
As_2S_3	黄色	$BaCO_3$	白色
Sb_2S_3	橙色	$Pb_2(OH)_2CO_3$	白色
Bi_2S_3	黑色	$MnCO_3$	白色
MnS	肉色	$FeCO_3$	白色

续表

物质	颜色	物质	颜色
FeS	黑色	$CdCO_3$	白色
Fe_2S_3	黑色	Ag_2CO_3	白色
CoS	黑色	Hg_2CO_3	浅黄色
NiS	黑色	$Ca_3(PO_4)_2$	白色
Cu_2S	黑色	$PbSO_4$	白色
CuS	黑色	$Cr_2(SO_4)_2$	桃红色
Ag_2S	黑色	$Cr_2(SO_4)_2 \cdot 18H_2O$	紫色
ZnS	白色	$Cr_2(SO_4)_2 \cdot 6H_2O$	绿色
CdS	黄色	$CoSO_4 \cdot 7H_2O$	红色
HgS	红色或黑色	$CuSO_4 \cdot 5H_2O$	蓝色
$CaSO_4$	白色	Ag_2SO_4	白色
$SrSO_4$	白色	Ag_2SiO_3	黄色
$BaSO_4$	白色	$CaCrO_4$	黄色
PbI_2	黄色	$SrCrO_4$	浅黄色
SbI_3	黄色	$BaCrO_4$	黄色
CuI	白色	$PbCrO_4$	黄色
AgI	黄色	Ag_2CrO_4	砖红色
Hg_2I_2	黄绿色	Hg_2CrO_4	棕色
HgI_2	红色	$CdCrO_4$	黄色
SnS	褐色	$HgCrO_4$	红色
PbS	黑色	CaC_2O_4	白色
Hg_2SO_4	白色	BaC_2O_4	白色
$HgSO_4 \cdot HgO$	黄色	PbC_2O_4	白色
$CaCO_3$	白色	FeC_2O_4	浅黄色
$Ag_2C_2O_4$	白色	BaS_2O_3	白色
$CuCN$	白色	$NaBiO_3$	浅黄色
$Cu(CN)_2$	黄色	$Ag_2S_2O_3$	白色
$Ni(CN)_2$	浅绿色	$Mn_2[Fe(CN)_6]$	白色
$AgCN$	白色	$KFe[Fe(CN)_6]$	深蓝色
$CaHPO_4$	白色	$Co_2[Fe(CN)_6]$	绿色
$BaHPO_4$	白色	$Ni_2[Fe(CN)_6]$	浅绿色
$MgNH_4PO_4$	白色	$Zn_2[Fe(CN)_6]$	白色
$FePO_4$	浅黄色	$Cu_2[Fe(CN)_6]$	棕红色
Ag_3PO_4	黄色	$Ag_4[Fe(CN)_6]$	白色
$AgSCN$	白色	$Pb_2[Fe(CN)_6]$	白色
$Cu(SCN)_2$	黑绿色	$Cd_2[Fe(CN)_6]$	白色
$BaSO_3$	白色	二丁二酮肟合镍(Ⅱ)	桃红色

附录 5　一些特殊试剂的配制

1. 奈斯勒试剂　将 11.5g HgI_2 及 8g KI 溶于水稀释至 50mL，加入 c (NaOH)＝6mol · L^{-1} 溶液 50mL，静置后取清液储于棕色瓶中。

2. 二苯硫腙 $\rho=0.1g \cdot L^{-1}$　取 0.1g 二苯硫腙溶于 1000mL CCl_4 或 $CHCl_3$ 中。

3. c ($NaKC_4H_4O_6$) $=1mol \cdot L^{-1}$　21g $NaKC_4H_4O_6$ 溶于 100mL 水中。

4. c ($SnCl_2$) $=1mol \cdot L^{-1}$　溶解 23g $SnCl_2 \cdot 2H_2O$ 于 34mL 浓 HCl 中，加水稀释至 100mL，临用前配制。

5. 邻二氮菲 $\rho=20g \cdot L^{-1}$　2g 邻二氮菲溶于 100mL 水中。

6. 硫氰酸汞胺 $(NH_4)_2[Hg(SCN)_4]$　取 8g $HgCl_2$ 和 9g NH_4SCN 溶于 100mL 水中。

7. 玫瑰红酸钠 $\rho=2g \cdot L^{-1}$　0.2g 玫瑰红酸钠溶于 100mL 水中，储于棕色瓶中，注意：仅能保存 2～3 天。

8. 对氨基苯磺酸 $\rho=3.4g \cdot L^{-1}$　0.5g 对氨基苯磺酸溶于 150mL $c(HAc)=2mol \cdot L^{-1}$ 溶液中。

9. α-萘胺 $\rho=1.2g \cdot L^{-1}$　0.3g α-萘胺溶于 20mL 水中，煮沸，加 150mL $c(HAc)=2mol \cdot L^{-1}$ 溶液。

10. 钼酸铵试剂 $\rho=50g \cdot L^{-1}$　5g $(NH_4)_2MoO_4$ 加 5mL 浓 HNO_3，加水至 100mL。

11. 镁试剂　将 0.01g 对硝基偶氮苯间苯二酚溶于 1000mL c (NaOH) $=2mol \cdot L^{-1}$ 溶液中。

12. 铝试剂 $\rho=20g \cdot L^{-1}$　0.2g 铝试剂溶于 100mL 水中。

13. 醋酸铀酰锌　将 10g$UO_2(A_C)_2 \cdot 2H_2O$ 溶于 6mL $f=0.30$ 的 HAc 溶液中，略微加热使其溶解，稀释至 50mL(溶液 A)。另取 30g $Zn(Ac)_2 \cdot 2H_2O$ 溶于 6mL $f=0.30$ 的 HAc 溶液中，搅动后稀释到 50mL(溶液 B)。将两种溶液加热至 70℃后混合，静置 24 小时，取其澄清溶液储于棕色瓶中。

14. 磺基水杨酸 $\rho=100g \cdot L^{-1}$　10g 磺基水杨酸溶于 65mL 水中，加入 35mL $2mol \cdot L^{-1}$ NaOH 溶液，摇匀。

15. 铁铵矾 $(NH_4)Fe(SO_4)_2 \cdot 12H_2O$ $f=400g \cdot L^{-1}$　铁铵矾的饱和水溶液加浓 HNO_3 溶液至溶液变清。

16. 硫代乙酰胺 $\rho=50\ g \cdot L^{-1}$　溶解 5 g 硫代乙酰胺于 100mL 水中，如浑浊需过滤。

17. 二乙酰二肟 $\rho=1g \cdot L^{-1}$　溶解 1g 二乙酰二肟于 100mL $f=0.95$ 乙醇中。

18. 钴亚硝酸钠试剂　溶解 $NaNO_2$ 23g 于 500mL 水中，加 6 $mol \cdot L^{-1}$ HAc 溶液 16.5mL 和 $Co(NO_3)_2 \cdot 6H_2O$ 3g，静置过夜，过滤或取其清液，稀释至 100mL，储存于棕色瓶中。每隔 4 周重新配制，或直接加六硝基合钴酸钠固体于水中，至溶液为深红色即可使用。

19. 亚硝酰铁氰化钠 $\rho=1g \cdot L^{-1}$　溶解 1g 亚硝酰铁氰化钠于 100mL 水中。每隔数日，需重新配制。

20. 硝胺指示剂 $\rho=1g \cdot L^{-1}$　取 0.1g 硝胺，溶于 100mL $f=0.70$ 乙醇中。

21. 邻菲罗啉指示剂 $\rho=2.5g \cdot L^{-1}$　0.25g 邻菲罗啉加几滴 $6mol \cdot L^{-1}$ H_2SO_4 溶液，溶于 100mL 水中。

22. 银氨溶液　溶解 1.7 g $AgNO_3$ 于 17mL 浓氨水中，再用蒸馏水稀释至 1L。

23. 碘化钾-亚硫酸钠溶液　50g KI 和 200g $Na_2SO_3 \cdot 7H_2O$ 溶于 1000mL 水中。

24. 淀粉 $\rho=10g \cdot L^{-1}$　1g 可溶性淀粉，加水少许，调成浆状，在搅拌下注入 100mL 沸水中，保持微沸 20 分钟，放置，用上层清液(用前新配制)。

附录 6 常用酸碱的密度、质量分数、物质的量浓度及配制(20℃)

名称	$\frac{\rho}{kg \cdot L^{-1}}$	ω	c		制备一升 $1mol \cdot L^{-1}$ 溶液所需体积或质量
			基本单元	$mol \cdot L^{-1}$	
盐酸	1.1594	0.32	HCl	10.2	98.0mL
盐酸	1.1693	0.34	HCl	10.9	91.7mL
盐酸	1.1791	0.36	HCl	11.6	86.2mL
盐酸	1.1886	0.38	HCl	12.4	80.6mL
盐酸	1.1977	0.40	HCl	13.1	76.3mL
浓硝酸	1.39～1.40	0.698	HNO_3	16	62.5mL
浓硫酸	1.84	0.98	H_2SO_4	18	55.6mL
冰醋酸	1.05	0.995	CH_3COOH	17.4	57.5mL
高氯酸	1.72	0.74	$HClO_4$	13	76.9mL
氢氟酸	1.15	0.47	HF	27	37mL
磷酸	1.69	0.85	H_3PO_4	14.7	68.0mL
浓氨水	0.88～0.90	0.25～0.28	NH_3	15	66.67mL
氢氧化钠			NaOH		40 g
氢氧化钾			KOH		56.1 g
氢氧化钙			$Ca(OH)_2$		74 g

附录 7 常用基准物质的干燥条件和应用范围

基准物质		干燥后的组成	干燥条件	标定对象
名称	化学式			
无水碳酸钠	Na_2CO_3	Na_2CO_3	270～300℃	酸
十水合碳酸钠	$Na_2CO_3 \cdot 10H_2O$	Na_2CO_3	270～300℃	酸
硼砂	$Na_2B_4O_7 \cdot 10H_2O$	$Na_2B_4O_7 \cdot 10H_2O$	放入装有 NaCl 和蔗糖饱和溶液的干燥器中	酸
二水合草酸	$H_2C_2O_4 \cdot 2H_2O$	$H_2C_2O_4 \cdot 2H_2O$	室温空气干燥	碱或 $KMnO_4$
邻苯二甲酸氢钾	$KHC_8H_4O_4$	$KHC_8H_4O_4$	105～110℃	碱或 $HClO_4$
重铬酸钾	$K_2Cr_2O_7$	$K_2Cr_2O_7$	140～150℃	还原剂
溴酸钾	$KBrO_3$	$KBrO_3$	150℃	还原剂
碘酸钾	KIO_3	KIO_3	130℃	还原剂
草酸钠	$Na_2C_2O_4$	$Na_2C_2O_4$	130℃	氧化剂
三氧化二砷	As_2O_3	As_2O_3	室温干燥器中	氧化剂
锌	Zn	Zn	室温干燥器中	EDTA
氧化锌	ZnO	ZnO	800℃	EDTA
氯化钠	NaCl	NaCl	500～600℃	$AgNO_3$
苯甲酸	$C_7H_6O_2$	$C_7H_6O_2$	硫酸真空干燥器中干燥至恒重	CH_3ONa
对氨基苯磺酸	$C_6H_7O_3NS$	$C_6H_7O_3NS$	120℃	$NaNO_2$
硝酸银	$AgNO_3$	$AgNO_3$	110℃干燥 2 小时	直接配标
碘	I_2	I_2	于硫酸或硅胶干燥器中室温保存	直接配标
铜	Cu	Cu	依次用 HAc:H_2O(2∶98 v/v)、H_2O 和 f=0.95 乙醇洗净,于硫酸干燥器中放置 24 小时	直接配标
碳酸氢钠	$NaHCO_3$	$NaHCO_3$	80～90℃干燥至恒重	直接配标

附录 8　常用指示剂

(一) 酸碱指示剂

名称	变色范围 pH	颜色		配制方法
		酸色	碱色	
百里酚蓝 ρ= 1 g·L^{-1}	1.2～1.8(酸范围)	红	黄	0.1 g 百里酚蓝与
	8.0～9.6(碱范围)	黄	蓝	4.3mLc(NaOH)= 0.05 mol·L^{-1} 溶液一起研匀,加水稀释成 100mL(同上)
甲基橙 ρ=1 g·L^{-1}	3.1～4.4	红	黄	0.1 g 甲基橙溶于 100mL 热水
甲基红 ρ=1 g·L^{-1}	4.4～6.2	红	黄	0.1 g 甲基红溶于 60mL 乙醇中,加水至 100mL
甲基黄 ρ=1 g·L^{-1}	2.9～4.0	红	黄	0.1 g 甲基黄溶于 90mL 乙醇中,加水至 100mL
溴酚蓝 ρ=1 g·L^{-1}	3.0～4.6	黄	紫蓝	0.1 g 溴酚蓝与 3mL c (NaOH)= 0.05 mol·L^{-1} 溶液研匀,加水稀释成 100mL
溴甲酚绿 ρ=1 g·L^{-1}	3.8～5.4	黄	蓝	0.1 g 溴甲酚绿溶于 20mL 乙醇中,加水至 100mL
溴百里酚蓝 ρ= 1 g·L^{-1}	6.2～7.6	黄	蓝	0.1 g 溴百里酚蓝溶于 20mL 乙醇中,加水至 100mL
酚酞 ρ= 1 g·L^{-1}	8.2～10.0	无	红	0.1 g 酚酞溶于 100mL f(乙醇)= 0.60 溶液中
酚红 ρ= 1 g·L^{-1}	6.7～8.4	黄	红	0.1 g 酚红溶于 60mL 乙醇中,加水至 100mL
百里酚酞 ρ= 1 g·L^{-1}	9.4～10.6	无	蓝	0.1 g 百里酚酞溶于 90mL 乙醇中,加水至 100mL
中性红 ρ= 1 g·L^{-1}	6.8～8.0	红	黄橙	0.1 g 中性红溶于 60mL 乙醇中,加水至 100mL
石蕊 ρ= 2 g·L^{-1}	4.5～8.3	红	蓝	0.2 g 石蕊溶于 100mL 乙醇中
茜素黄 Rρ= 1 g·L^{-1}	10.1～12.1	黄	紫	0.1 g 茜素黄溶于 100mL 水中

(二) 混合指示剂

指示剂溶液的组成	变色点 pH	颜色		备注
		酸色	碱色	
一份 ρ=1g·L^{-1} 甲基黄乙醇溶液 一份 ρ=1 g·L^{-1} 亚甲蓝乙醇溶液	3.25	蓝色	绿	pH 3.4 绿 pH 3.2 蓝紫
一份 ρ=1g·L^{-1} 甲基橙水溶液一份 ρ=0.25g·L^{-1} 靛蓝水溶液	4.1	紫	绿	pH 4.1 灰色
三份 ρ=1g·L^{-1} 溴甲酚绿乙醇溶液一份 ρ=2g·L^{-1} 甲基红乙醇溶液	5.1	酒红	绿	颜色变化显著
一份 ρ=1g·L^{-1} 中性红乙醇溶液一份 ρ=1g·L^{-1} 亚甲蓝乙醇溶液	7.0	紫蓝	绿	pH 7.0 紫蓝
一份 ρ=1g·L^{-1} 甲酚红(钠盐)水溶液三份 ρ=1g·L^{-1} 百里酚蓝(钠盐)水溶液	8.3	黄	紫	pH 8.2 玫瑰红,pH 8.4 紫
一份 ρ=1g·L^{-1} 酚酞 50%乙醇溶液一份 ρ=1g·L^{-1} 百里酚酞 50%乙醇溶液	9.0	黄	紫	pH 9.0 绿
二份 ρ=1g·L^{-1} 百里酚酞乙醇溶液一份 ρ=1g·L^{-1} 茜素黄乙醇溶液	10.2	黄	紫	

续表

指示剂溶液的组成	变色点 pH	颜色		备注
		酸色	碱色	
0.1g 酚酞、0.3 g 甲基黄、0.2 g 甲基红、0.4 g 溴百里酚蓝和 0.5 g 百里酚蓝溶于 500mL 乙醇中				pH 2 红 pH 4 橙 pH 6 黄 pH 8 绿 pH 10 蓝

(三) 氧化还原指示剂

名称	变色电势/V	颜色		配制方法
		氧化态	还原态	
二苯胺 $\rho=10g\cdot L^{-1}$	0.76	紫	无	1 g 二苯胺溶于 100mL 浓 H_2SO_4 中储于棕色瓶
二苯胺磺酸钠 $\rho=2\ g\cdot L^{-1}$	0.85	红紫	无	0.5g 二苯胺磺酸钠溶于 100mL 水中
邻苯氨基苯甲酸 $\rho=2g\cdot L^{-1}$	0.89	红紫	无	0.2g 邻苯氨基苯甲酸溶于 100mL 热水中，必要时过滤
邻菲罗啉 硫酸亚铁 $\rho=5g\cdot L^{-1}$	1.06	淡蓝	红	0.5g$FeSO_4\cdot 7H_2O$ 溶于 100mL 水中，加 2 滴硫酸，加 0.5g 邻菲罗啉
亚甲蓝	0.36	绿蓝	无	0.05g 亚甲蓝溶于 100mL 水中

(四) 金属指示剂

名称	配制方法颜色		直接滴定离子	配制方法
	游离态	化合物		
铬黑 T(EBT)	蓝	红 pH7～10	Mg^{2+}、Zn^{2+}、Cd^{2+}、pb^{2+}、Mn^{2+}、稀土	(1) $\rho=0.5\sim5\ g\cdot L^{-1}$ 水溶液，并加 200mL 的三乙醇胺 (2) 与 NaCl(1∶100 或 200)的固体研细混匀
二甲酚橙(XO)	黄	红 pH 5～6	pH<1 Zr^{2+} pH1～3 Bi^{3+}、Th^{4+} pH5～6 Zn^{2+}、pb^{2+}(回滴) Cd^{2+}、Hg^{2+}、稀土	$\rho=2\ g\cdot L^{-1}$ 水溶液或 $\rho=5\ g\cdot L^{-1}$ 的乙醇溶液
吡啶偶氮萘酚 PAN	黄	红 pH 2～12	pH2～3 Bi^{3+}、Th^{4+} pH 4～5 Cu^{2+}、Ni^{2+}	$\rho=0.1\sim1\ g\cdot L^{-1}$ 乙醇溶液
钙指示剂(NN)	蓝	红 pH 10～13	Ca^{2+}	与 NaCl(1∶100)研细混匀
钙试剂(铬蓝黑 R)	蓝	粉红		(1) $\rho=2\ g\cdot L^{-1}$ 水溶液 (2) 与固体 K_2SO_4(1∶100)研细混匀
酸性铬蓝 K $\rho=5\ g\cdot L^{-1}$	蓝	红 pH 10 左右		(1) $\rho=1\ g\cdot L^{-1}$ 水溶液 (2) 与 NaCl 或 KNO_3(1∶100)固体研细混匀

附录 9　常用洗涤液

名称	配制方法	备注
合成洗涤剂*	将合成洗涤剂粉用热水搅拌配成浓溶液	用于一般的洗涤
铬酸洗液	取 $K_2Cr_2O_7$ 20 g 于 500mL 烧杯中，加水 40mL，加热溶解，冷后，缓缓加入 320mL 浓 H_2SO_4 即成（注意边加边搅），储于磨口细口瓶中	用于洗涤油污及有机物，使用时防止被水稀释，用后倒回原瓶，可反复使用，直至溶液变为绿色，处理后方可再用**
$KMnO_4$ 碱性洗液	取 $KMnO_4$ 4 g，溶于少量水中，缓缓加 100mL $\rho(NaOH)=100\ g\cdot L^{-1}$ 的溶液	用于洗涤油污及有机物，洗后玻璃壁上附着的 MnO_2 沉淀，可用 $FeSO_4$ 或 Na_2SO_3 溶液洗去
碱性酒精	$\rho(NaOH)=300\sim400g\cdot L^{-1}$ 的酒精	用于洗涤油污
酒精—浓硝酸洗液	洗涤时先加少量酒精于脏仪器中，再加少量浓硝酸，即产生大量棕色 NO_2，将有机物氧化而破坏	用于沾有有机物或油污的结构较复杂的仪器

注：* 也可用肥皂水

** 已还原为绿色的铬酸溶液，可加入固体 $KMnO_4$ 使其再生，这样，实际消耗的是 $KMnO_4$，可减少铬对环境的污染

附录 10　常用缓冲溶液的配制

缓冲溶液组成	pK_a	pH	配制方法
氨基乙酸-HCl	2.3(pK_{a_1})	2.3	氨基乙酸 150 g 溶于 500mL 水中，加浓 HCl 80mL，水稀释至 1L
磷酸-枸橼酸盐		2.5	$Na_2HPO_4\cdot 12H_2O$ 113 g 溶于 200mL 水，加枸橼酸 387 g，溶解，过滤，稀释至 1L
一氯乙酸-NaOH	2.86	2.8	200g 一氯乙酸溶于 200mL 水中，加 NaOH 40 g 溶解后，稀释至 1L
邻苯二甲酸氢钾-HCl	2.95(pK_{a_1})	2.9	500mg 邻苯二甲酸氢钾溶于 500mL 水中，加浓盐酸 80mL，稀释至 1L
甲酸-NaOH	3.76	3.7	95g 甲酸和 NaOH 40g 溶于 500mL 水中，稀释至 1L
醋酸铵-醋酸		4.5	醋酸铵 77g 溶于 200mL 水中，加冰醋酸 59mL，稀释至 1L
醋酸钠-醋酸	4.76	4.7	无水醋酸钠 83g 溶于水中，加冰醋酸 60mL，稀释至 1L
醋酸钠-醋酸		5.0	无水醋酸钠 250 g 溶于水中，加冰醋酸 25mL，稀释至 1L
六次甲基四胺-HCl	5.15	5.4	六次甲基四胺 40 g 溶于 200mL 水中，加浓盐酸 10mL，稀释至 1L
醋酸铵-醋酸		6.0	无水醋酸铵 600 g 溶于水中，加冰醋酸 20mL，稀释至 1L
Tris-HCl（三羟甲基氨甲烷）	8.21	8.2	25g Tris 溶于水中，加浓盐酸 8mL，稀释至 1L
氨水-氯化铵	9.26	9.2	NH_4Cl 54 g 溶于水中，加浓氨水 63mL，稀释 1L
氨水-氯化铵	9.26	10.0	NH_4Cl 54 g 溶于水中，加浓氨水 350mL，稀释至 1L

注：(1)缓冲溶液配制后可用 pH 试纸或 pH 计检查。如 pH 不对，可用共轭酸或碱调节

(2)若需增加或减少缓冲溶液的缓冲容量，可相应增加或减少共轭酸碱对物质的量

(3)其他常用缓冲溶液的配制方法可参照《中华人民共和国药典》附录

附录 11　标准缓冲溶液的 pH 与温度关系对照表

溶液 / pH / 温度℃	邻苯二甲酸盐	中性磷酸盐	硼酸盐
5	4.01	6.95	9.39
10	4.00	6.92	9.33
15	4.00	6.90	9.27
20	4.01	6.88	9.22
25	4.01	6.86	9.18
30	4.02	6.85	9.14
35	4.03	6.84	9.10
40	4.04	6.84	9.07

附录 12　水在不同温度下的密度和饱和蒸气压

温度(℃)		0	1	2	3	4	5	6	7	8	9
0	$\rho(kg\cdot L^{-1})$	0.999 87	0.99993	0.99997	0.99999	1.00000	0.99999	0.99997	0.99993	0.99988	0.99981
	P(Pa)	610	657	706	758	813	872	934	1002	1073	1148
10	$\rho(kg\cdot L^{-1})$	0.99973	0.99963	0.99952	0.99940	0.99927	0.99913	0.99897	0.99880	0.99862	0.99843
	P(Pa)	1228	1312	1402	1497	1598	1705	1818	1937	2063	2197
20	$\rho(kg\cdot L^{-1})$	0.99823	0.99802	0.99780	0.99757	0.99733	0.99708	0.99682	0.99655	0.99627	0.99597
	P(Pa)	2338	2486	2643	2809	2983	3167	3360	3564	3780	4005
30	$\rho(kg\cdot L^{-1})$	0.99568	0.99537	0.99505	0.99473	0.99440	0.99406	0.99371	0.99336	0.99299	0.99262
	P(Pa)	4243	4492	4755	5030	5319	5623	5941	6275	6625	6992

附录 13　常用溶剂的截止波长和黏度

溶剂	截止波长(nm)	黏度	溶剂	截止波长(nm)	黏度
水	200	1.00	二氯甲烷	235	0.44
环已烷	200	1.00	醋酸	230	1.26
甲醇	205	0.60	氯仿	245	0.57
乙醚	210	0.23	乙酸乙酯	260	0.45
异丙醇	210	2.3	苯	260	0.65
正丁醇	210		甲苯	285	0.59
乙醇	215	1.20	丙酮	330	0.32
对-二氧六环	220	1.54	二硫化碳	385	0.37

（西安交通大学　杨　云）